徐幼敏 编著

游戏润童心
乡情伴成长

园本课程中的乡情体验游戏

浙江工商大学出版社 | 杭州
ZHEJIANG GONGSHANG UNIVERSITY PRESS

图书在版编目（CIP）数据

　　游戏润童心　乡情伴成长 : 园本课程中的乡情体验
游戏 / 徐幼敏编著. — 杭州 : 浙江工商大学出版社，
2022.11

　　ISBN 978-7-5178-4895-0

　　Ⅰ . ①游… Ⅱ . ①徐… Ⅲ . ①幼儿园—课程—教学研
究 Ⅳ . ① G612

　　中国版本图书馆 CIP 数据核字（2022）第 056277 号

游戏润童心　乡情伴成长——园本课程中的乡情体验游戏
YOUXI RUN TONGXIN　XIANGQING BAN CHENGZHANG
——YUANBEN KECHENG ZHONG DE XIANGQING TIYAN YOUXI

徐幼敏　编著

策划编辑	俞　闻
责任编辑	鲁燕青
封面设计	朱嘉怡
责任校对	何小玲
责任印制	包建辉
出版发行	浙江工商大学出版社
	（杭州市教工路 198 号　邮政编码 310012）
	（E-mail：zjgsupress@163.com）
	（网址：http://www.zjgsupress.com）
	电话：0571-88904980，88831806（传真）
排　　版	浙江时代出版服务有限公司
印　　刷	杭州高腾印务有限公司
开　　本	710mm×1000mm　1/16
印　　张	16.25
字　　数	267 千
版 印 次	2022 年 11 月第 1 版　2022 年 11 月第 1 次印刷
书　　号	ISBN 978-7-5178-4895-0
定　　价	78.00 元

序

游戏是儿童的天性，哪里有儿童，哪里就有游戏。游戏以一种愉快、自由的氛围吸引儿童积极主动参与，有游戏的生活才幸福。

随着社会不断发展，儿童逐渐失去了游戏玩耍的能力。但直到几十年前，游戏仍被看作儿童的"工作"，孩子们在不帮忙干农活或者不学习的时候，会自己玩游戏甚至创造游戏。

《幼儿园教育指导纲要（试行）》和《3—6岁儿童学习与发展指南》颁布后，"以游戏为基本活动"的理念促使幼教工作者在实践中积极探索，创新改革幼儿园的游戏。

2017年，中共中央办公厅、国务院办公厅印发了《关于实施中华优秀传统文化传承发展工程的意见》，该意见指出："文化是民族的血脉，是人民的精神家园。文化自信是更基本、更深层、更持久的力量。"地方文化资源是中国文化的一部分，具有深厚的人文底蕴和资源价值。幼儿园教育需要从当地文化资源去思考、去创造，将地方文化资源融入幼儿园，可以使育人功能得以充分发挥，同时熏陶和培养幼儿良好的个性品质，发展幼儿的生活能力、学习品质和探究能力。而如何用幼儿适宜的方式发挥地方特色资源的育人功能，也是幼儿园一直以来需要深入探索的问题。

园本课程中的乡情体验游戏，是指幼儿园在园本课程实施中，利用幼儿园所在地区的自然生态和文化生态等方面的地方特色资源，结合幼儿的生活经验开展游戏，这样的游戏有利于幼儿在自主体验中积累经验，产生对家乡的深层次情感共鸣，同时也能让幼儿在游戏中获得交往、合作、探究等方面多维度的学习与发展。

本书主要展示了幼儿园有目的地利用地方文化资源，提取地方生态、文化等主要资源并将其有效融入幼儿园的游戏，最终达到丰富幼儿对家乡的认知，萌发幼儿爱家乡的情感，以及促进幼儿生活、探究等能力多维度发展的教育实践过程。

全书共分七章。第一章阐述了乡情体验游戏的缘起与发展历程。第二章至第六章选取了五个有代表性的城乡幼儿园的乡情体验游戏案例，图文并茂地展示了乡情体验游戏的组织与实施。每一章都包含了乡情资源分析、预期目标、环境创设与材料投放、乡情游戏组织与指导、乡情游戏观察与分析、乡情游戏反思与推进等内容，给一线教师呈现了具体的可操作路径。第七章则以教师在教学实践中碰到的困惑与问题为导引，回顾了乡情体验游戏实践探索过程中的经验和做法，给各幼儿园及教师们以启示和借鉴。其中第一章、第七章由徐幼敏老师撰写，阐述了她在实践过程中的思考与探索，既有结合案例分析，又有不同阶段的研究成果；第二章至第六章则是徐幼敏老师在不同阶段带领她的教师团队进行实践探索的乡情体验游戏案例，也包括她的团队成员在其他乡镇农村开拓的乡情体验游戏，显示了乡情体验游戏在该区域的辐射与发展。

在这个改革探索中，我特别想指出的是，乡情体验游戏对孩子基于乡土教育实践的社会性发展、文化浸润和家国情怀的培养，具有十分深远的意义。因为孩子不是把绘本当作世界，而是把世界当作绘本。教师通过让孩子走进家乡，创设与真实生活一样的情景，接触家乡人物角色，进行乡情体验游戏，让孩子学会社会交往、师幼合作。从小乡村到大社会，用游戏驱动体验学习，培养孩子的家国情怀，这是极有远见和深层意义的园本课程开发，值得肯定与借鉴！

浙江大学教授 刘 力

2022 年 2 月

唯有热爱

热爱，是一种对人类自身及生存世界深挚热烈的情感及相应的行为。彼时，翻阅工作室小伙伴徐幼敏老师的新书书稿时，"热爱"这个字眼就如此自然地跳了出来。是的，唯有热爱，她才会自20世纪90年代刚走出校门便来到分水任教，至今都不舍对这个山区小镇独有的深情；唯有热爱，她才能带领自己的团队成员一起在乡土课程的实践中不懈前行；唯有热爱，她才会从农村到城镇不论任职于哪所幼儿园，都始终执着于对乡情游戏课程的实践探索。正如徐幼敏老师自己所言，这一切均源于她"对乡情资源赋予儿童独特教育价值的眷恋，更是对那份美好乡情教育的向往和追求"。

我以为，热爱应是一种与生俱来的情感。孩子从呱呱坠地开始，便对"爱"有需求，因此"爱"理应伴随孩子的成长，充满他们的生活。徐幼敏老师及其团队所从事的乡情游戏课程正是满足了孩子们的这种需求，它自然地呈现出一种"爱"的力量，不单让孩子们为"爱"感动，更教会孩子们具有"爱"的能力！

于是，当我们打开《游戏润童心　乡情伴成长——园本课程中的乡情体验游戏》一书时，就仿佛踏进了孩子们"爱"的世界。在这里，"爱的故事"随时随地发生着，"爱的教育"也在这些故事中自然而然地孕育着。

因此，我要大声地说——唯有热爱，才能美好！

汪劲秋

2022年春日

因为乡情，我们走到了一起！

说起幼敏，似乎很早就认识，但真正进入记忆直至师徒结缘，是源自乡情游戏，源于一致的"还农村孩子同一片教育蓝天"的幼教初衷。

2014 年初识幼敏，是在桐庐县富春江幼儿园教育集团狭窄的园长办公室里，一个非常简陋的办公场所。条件虽差，我却被幼儿园"囡囡逛家乡"的乡情游戏吸引。从幼敏洋溢着幸福快乐的表情、激动热情的言语中感受到她对乡情资源赋予儿童独特教育价值的思考，更感受到她对美好乡情教育的向往和追求！

而幼敏与我的第一次"相识"也是源自"乡情"，用她自己的话语描述是：2008 年的一天中午，我从《幼儿教育》杂志上看到了李小玲老师发表的《让田野成为生动的课堂》文章，内心一阵激动，因为当时我们也正在探索乡土课程"家乡分水"，她的文章无疑给了我们农村幼儿园很大的启示和激励。我想，从那时候起，探索乡情教育的种子在我心里已经悄然而又坚定地埋下了。

也许正是这样的契合，我们于 2020 年结为了师徒，于是再识幼敏——在桐庐中学的报告厅，桐庐县教育局正式授予"我带幼敏"的导师聘书。从此，我携手幼敏，带着浓浓的"乡情"，从农村走进县城……

两年的频繁互动，我们一起走进云溪幼儿园的校园文化建设、环境创设、课程构想，在本土文化浸润的生活世界中支持幼儿探索、发现、创造，促进幼儿身心的健康发展、家国情怀的萌动，不断讲述着美丽的云溪传说……一路上，我见证了幼敏认真的态度、敬业的精神和专业的情怀。

　　最后我想说，幼敏就如她的名字一样，对幼教有着独特的敏感性，对幼教有着灵敏的前瞻理念，对幼教有着敏锐的创新精神。回顾幼敏的乡情之路，从分水实验幼儿园的萌芽期到富春江幼儿园的生长期，再到桐庐县实验幼儿园的开花期，一路精彩纷呈，期待云溪幼儿园的结果期，相信未来一定可以期待！

李小玲
2022 年 2 月

与导师汪劲秋（左一）

与导师李小玲（右一）

目 录

第一章

探寻：乡情体验游戏的缘起与历程

2001 年教育部颁发的《幼儿园教育指导纲要（试行）》（以下简称《纲要》）总则中明确指出，幼儿园应充分利用社会资源，引导幼儿实际感受祖国文化的丰富和优秀，感受家乡的变化和发展，激发幼儿爱家乡、爱祖国的情感。可见，乡情教育是幼儿教育的重要组成部分。《纲要》中又明确指出，幼儿教育要以游戏为基本活动。这一规定确定了游戏在幼儿教育活动中的地位，是幼儿园开展乡情体验游戏的重要依据。

乡情体验游戏是指幼儿园在园本课程实施中，利用幼儿园所在地区的地域文化资源，结合幼儿的生活经验开展游戏，让幼儿在游戏体验中获得更丰富、更系统的关于家乡的经验，从而萌发幼儿爱家乡的情感，并从中使幼儿获得交往、合作和探究等多方面的发展。这种体验带来的乡情陪伴着幼儿快乐成长，也使乡土文化的传承在游戏中润物细无声。

在《纲要》与《3—6 岁儿童学习与发展指南》（以下简称《指南》）的指导下，我与我的团队分阶段在桐庐县分水镇、富春江镇和桐庐县城等不同地方的幼儿园对乡情体验游戏进行了实践探索。经过不断发展，乡情体验游戏经历了萌芽期、生长期和收获期三个阶段的历程。

一、乡情之芽：在乡土课程中萌发

说到乡情体验游戏，首先就要回顾乡土课程。20世纪90年代，我从浙江幼儿师范学校（今浙江师范大学杭州幼儿师范学院）毕业，刚走出校门就来到了浙西的山区小镇——桐庐县分水镇，这个山区小镇独特丰富的乡土资源牢牢地吸引了我。在分水实验幼儿园的最初几年，我与我的团队陆续利用乡土资源开展了一些特色活动，但是零散不系统。《纲要》的颁发，使我们对农村幼儿园的课程改革有了进一步的思考，而触动我们开发乡土课程的，则是源于生活中的一些案例。

（一）从生活案例引发的深思

案例 1

中班女孩冉冉，她的奶奶家就在分水镇的一个乡村里，每到周末，爸爸妈妈就会带她去奶奶家。

奶奶家的门口是一片片的稻田。秋天的一个周末，冉冉又来到了奶奶家。刚巧，奶奶家门口的水稻已经收割了，稻田里堆着一个大大的稻草垛。

冉冉看见稻草垛，惊讶得大叫起来："哇，好大的一块石头啊！"她的叫喊声引得家里人哈哈大笑……周一，冉冉来幼儿园上学时，她的妈妈把她的童言稚语当成笑话说给老师

▲ 图 1-1 田野中的稻草垛

听："我们家冉冉真有趣啊，竟然把稻草垛当作大石头了！"说完，她自己忍不住又笑个不停……

然而，老师听了家长的笑话，却怎么也笑不出来，反而陷入了深深的反思：孩子居然不认识身边常见的稻草和稻草垛，这是什么原因呢？我们的教育是不是缺失了什么？

案例 2

分水是"中国制笔之乡"，镇上的江滨公园里矗立着一支巨大的笔，那是"中国制笔之乡"的标记。

有一天，老师带着大班幼儿来到江滨公园秋游。孩子们看见了这支巨大的"笔"，好奇地讨论："这是什么？""好像是一支笔！""怎么有这么大的笔啊？"……

老师问："这是一支笔的雕塑，那你们知道这支笔表示什么？"

孩子们摇摇头："不知道，它有什么用啊？"

老师回答："这支笔是'中国制笔之乡'的标记，它告诉来往的人，分水是'中国制笔之乡'。"

说到这儿，马上有小朋友叫道："老师，我们家就是做圆珠笔的。""我们家也做笔……"孩子们七嘴八舌地议论开了。

▲图 1-2　分水镇"中国制笔之乡"雕塑

分水镇当地居民的工作基本与笔有关，有的幼儿家里就是开办笔厂的，因此幼儿随时可以接触到笔的制作、生产与包装等工作，能在日常生活中捕捉到许多关于笔的信息。

应该说，幼儿对于笔的生活经验比较丰富，但他们不知道自己的家乡是有名的"中国制笔之乡"，对于家乡的认知还比较模糊，这又是由什么导致的呢？

细想之下，其实类似上述这些幼儿对身边常见事物认识模糊的案例比比皆是，归其主要原因应该在于幼儿对家乡生活经验的缺失。我们的教育有待于合理开发和利用乡土资源，引导幼儿从小了解家乡的自然资源和文化特色，提升对家乡的认同感和自豪感。

陶行知说："生活即教育，社会即学校。"没有生活的教育是死教育，教育要和生活、社会融为一体。幼儿园的资源有限，但社会的资源是无限的，学校要将社会中的一切力量运用到教育中去，发挥社会的教育功能。

（二）乡土课程的初步构建

乡土资源蕴含丰富的内涵，是幼儿所熟悉和亲近的。带着对乡土资源如何进一步充分利用的思考，我们开始挖掘并合理利用乡土资源，拓展幼儿的生活和学习空间，让幼儿园课程更贴近社会、贴近生活、贴近大自然，更适宜本地幼儿发展。

当时，分水实验幼儿园所在的分水镇是"中国制笔之乡"，到处有着可挖掘的地域文化资源，如笔业文化、纺织文化、状元故里等源远流长的人文历史文化。于是，我们开始全面审视分水镇幼儿园的乡土资源。

表1-1　分水实验幼儿园乡土资源一览表

资源类别	具体内容
自然资源	九龙山、五云山、田园风光、山核桃、板栗、竹子、桑蚕等
社会资源	制笔产业、纺织工业、农家乐、革命烈士墓、汾江公园、文化馆、九龙寺、分水江水库、分水江水电站等
文化资源	状元故里、民风民俗、分水武盛老街等

面对丰富的课程资源，我们尝试开发乡土课程——"家乡分水"。在组织和选择课程内容时我们立足于自然、社会、文化三个维度选取与组织课程活动内容，考虑内容的顺序性、递进性，以及不同年龄阶段幼儿个体关键经验的获得。通过信息收集—筛选—实施—总结—再实践，我们开始了探索，形成了"家乡分水"乡土主题活动。

表1-2 "家乡分水"乡土主题年段活动

年段	乡土主题	主题目标	家园协同工作
小班	美丽的江滨公园	观察、感受江滨公园的美丽，了解公园的用处，初步萌发爱家乡的情感	陪伴孩子去公园散步、游玩，观察公园的景色
	家乡的秋天	观察家乡秋天的风景，了解一些农作物，如水稻、番薯等，萌发爱自然的情感	陪伴孩子参加幼儿园的秋游活动，如果实采摘活动
	相约分水街	知道家乡有许多美味的早点，初步萌发对亲人的感恩之情	引导孩子与大人一起动手做点心，陪伴孩子上街观察，品尝分水的各种小吃
中班	有趣的稻草	了解秋天水稻的收割，感受农民劳动的辛苦，体验稻草带来的有趣和快乐	鼓励和陪伴孩子走进秋天的田野，有条件的家庭可以参加水稻的收割活动，让孩子体验劳动的辛苦
	山核桃和板栗	知道山核桃和板栗是家乡的特产，学习认识和区分这两种果实，萌发对家乡特产的喜爱	陪伴孩子观察山核桃和板栗，有条件的家庭可以陪孩子走进山林进行采摘活动
	我爱吃蔬菜	观察感知家乡常见的蔬菜，知道蔬菜里有人体需要的营养，感受菜农劳动的辛苦，培养孩子不挑食、爱吃蔬菜的习惯	陪伴孩子去农贸市场买菜，感知蔬菜的多样性；陪伴孩子走进菜地观察，了解菜农的辛苦
	桑树和蚕宝宝	观察并了解蚕的生长过程，了解蚕和人类生活的关系，萌发亲近自然的情感	让孩子自己采桑叶和喂蚕，组织摘茧的活动，并让孩子把蚕宝宝带到班级喂养
大班	制笔之乡	了解笔的多样性和生产过程，知道家乡是"中国制笔之乡"，萌发为家乡而骄傲的自豪情感	和孩子一起收集各种圆珠笔；陪伴孩子一起装笔，体验装笔工人的辛勤劳动

续　表

年段	乡土主题	主题目标	家园协同工作
大班	五云山和九龙山	了解五云山的烈士墓、状元池及九龙山的寺庙等，感受家乡的人文历史文化	陪伴孩子一起参加清明扫墓活动和春游活动
	家乡的变化——水电站	了解分水江水电站的形成和作用，探索电的奇妙，激发爱家乡的情感	陪伴孩子观察分水江水电站的大坝，在生活中注重教育孩子安全用电的常识和技能
	农家乐	了解家乡的旅游资源，感受家乡山水的美丽，激发孩子热爱家乡的情感	陪伴孩子走进"农家乐"，感受家乡山水的美丽

"家乡分水"乡土主题结合年龄特点从小班到大班逐渐递进，让幼儿逐渐在累积中建构相对完整的关于家乡的系列经验。

幼儿在与周围环境的交互作用过程中得到发展，在"家乡分水"乡土课程实施的过程中，幼儿园组织开展了丰富多彩的主题实践活动：幼儿走入山间田野感受家乡的自然景观，体验春播秋收；走进工厂车间参观笔的制作流程，感受工人的辛勤劳动……

在利用乡土资源开展系列主题活动的实践中，我们发现：只有放飞幼儿，让幼儿走进大自然、大社会，让幼儿用自己的眼睛去感受家乡的美丽，让教育回归真实的生活，

▲ 图1-3　孩子们赤足走在溪滩里

▲ 图1-4　走进春天的田野

让幼儿回归自然的环境，充分地动手、动脑，幼儿才会更主动地进行探索、学习和思考，进而亲近自然，对家乡形成更丰富的感性、理性认识，从而进一步激发幼儿爱家乡的社会性情感。

（三）乡情体验游戏的萌芽

随着乡土课程的不断深入开展，在主题活动实施的过程中，幼儿开始逐渐尝试运用乡土材料来玩区域游戏。

镜头扫描

在大班建构区，孩子们正在用竹筒、纸盒、易拉罐等材料搭建长长的"桥"。

女孩冰冰说："看，我搭好了一座桥。"男孩成成拿来一辆玩具小车在"桥"上开了起来，并问女孩冰冰："这是什么桥？"

女孩冰冰想了一下说："就叫分水桥吧。我的外婆住在江那边，妈妈经常带我从桥上走过去……"

在游戏中，幼儿会把竹筒、纸盒等拿来自主建构，开始有意识地发现和运用乡土材料。从幼儿的对话中可以看出，游戏中自然地融入了生活经验，他们会不自觉地把游戏和自己已有的家乡生活经验进行链接，这是因为乡土主题活动的实施助推了他们对家乡经验的建构。幼儿有了在游戏中探索体验家乡生活的需求，主题下的区域游戏初步呈现，幼儿就会有意识地通过自己喜欢的游戏方式表现生活，继而快乐地感受和体验。

于是，在2007年我们申报了县规划课题"基于乡土资源的幼儿园主题区域活动的设计与实施"，开始初步探索乡土主题下的区域游戏。

表1-3　"家乡分水"乡土课程下的主题区域游戏设置

年段	游戏主题	游戏内容	游戏材料	指导方法
大班	制笔之乡	◎数学区：笔超市、笔杆排一排 ◎美工区：串串连连、美丽的笔杆画、笔杆吹画、设计笔 ◎语言区：看家乡、说家乡 ◎建构区：分水江大桥、美丽的江滨公园 ◎科学区：小小装笔工、有趣的弹簧	各种各样的圆珠笔，各种各样的笔杆，各种圆珠笔零件，"中国制笔之乡"宣传图片，各种纸盒、空罐，等等	引导孩子尝试玩笔的超市游戏，用各种笔杆玩排序游戏，尝试用笔的各种零件进行造型粘贴，画画家乡，看图说说家乡，运用笔、易拉罐、纸盒等建构大桥和江滨公园
中班	蚕宝宝乐园	◎益智区：蚕的生长迷宫图、蚕宝宝游戏棋 ◎美工区：大染坊、彩色蚕茧、美丽的桑林、创意蚕宝宝 ◎生活区：丝绸坊、小小银行 ◎表演区：丝绸秀	桑树枝，桑树叶，用桑树制作的迷宫图、棋谱，棉布，丝绸，白棉布，蚕茧若干等	引导孩子回忆养蚕宝宝的经历，走一走蚕的生长迷宫图，下一下蚕宝宝游戏棋，在染坊里体验扎染，模仿成人尝试丝绸买卖，大胆进行丝绸时装秀表演
小班	竹子乐	◎健康区：福娃套竹环、走竹梯、踩高跷、耍竹棍 ◎数学区：竹筒倒豆乐 ◎美工区：美丽的竹林、绕竹圈 ◎生活区：竹筒水枪	竹环、竹梯、竹棍、毛竹高跷、竹筒、废旧布料、各色毛线等	引导孩子结合迎奥运玩竹乐运动游戏，套竹环、玩竹梯、踩高跷、耍竹棍，尝试玩竹筒倒豆数数游戏，用竹子、竹圈做奥运五环，玩竹筒水枪游戏

　　在当时，教师习惯性地将游戏分区域独立设置，区域特色相对更凸显。这些区域游戏来源于乡土课程中的各个主题，游戏内容和主题紧密联系，指向不同领域的发展。而游戏材料大多带有本土地域特色，如各种圆珠笔、圆珠笔零件，以及带有田园特色的桑

树、竹子等自然材料，这些材料展现的是朴实性、低结构性，对于幼儿而言更是生活中常见的材料，容易引发幼儿的游戏兴趣，更便于他们操作、想象和创造。

显然，幼儿在乡土主题下的区域游戏中，已经萌发了浓浓的家乡情感。那么，如何保护好"乡情的萌芽"，让游戏更具乡情味呢？接下来，让我们走进当年分水镇幼儿园"家乡分水"园本课程中的区域游戏"制笔之乡"。

游戏案例：制笔之乡

镜头扫描

● 游戏准备阶段

收集材料：老师动员孩子和家长一起收集各种各样的圆珠笔。在家长的帮助下，孩子们纷纷带来了各种各样的圆珠笔。于是，老师专门在教室里创设了圆珠笔展示专区，孩子们经常围在这里观察、讨论圆珠笔。显然，大家对这块区域充满了兴趣。

丰富经验：老师又带着孩子们参观制笔厂。通过现场观察圆珠笔的生产过程，孩子们知晓了圆珠笔的制作材料、零配件、成品等信息。

▲ 图1-5　制笔厂里的零件生产线

▲ 图1-6　圆珠笔的零件材料

在"制笔之乡"环境中生活的幼儿，渐渐积累了关于笔的生活经验，这些生活经验为区域游戏奠定了扎实的基础。在师幼的共同推动下，家长资源也发挥了主力军作用，各种各样的笔及笔的零件材料源源不断地被送入幼儿园，有的家长还走入幼儿园当助教，为幼儿现场讲解笔的构造和制作方法。正是家园的有力配合，才保障了乡情体验游戏的顺利开展。

镜头扫描

● 游戏进行阶段

在"小小设计师"游戏中，孩子们观察各种圆珠笔，借助这一经验充分发挥想象，设计出自己心目中的圆珠笔。

在"小小装笔车间"里，孩子们把笔的不同配件搭配组合成一支完整的圆珠笔。在这个过程中，孩子们不仅学会了颜色和形状的搭配，更锻炼了手部小肌肉群。

通过"小小装笔工"劳动，孩子们完成的一支支圆珠笔被运送到了"圆珠笔超市"，孩子们扮演收银员、顾客等角色进行圆珠笔的买卖游戏。

在益智区，孩子们把圆珠笔按照颜色、形状进行分类，并在分类的基础上生成了排序游戏。

创意笔杆美工坊有各种圆珠笔、笔的零配件，以及其他辅助材料。孩子们用这些材料进行搭配、粘贴，并在笔杆上进行创意作画，串成风铃装扮教室。

在班级建构区，同样添置了有关圆珠笔的各类材料。孩子们利用各种材料建构分水江大桥，用笔杆建构江滨公园景物，等等。

▲ 图 1-7　笔杆排序游戏　　　　▲ 图 1-8　创意笔杆游戏

通过"制笔之乡"主题区域游戏，我们可以看到幼儿的游戏具有"工作"的性质和意义。在这个游戏中，大班幼儿模仿装笔工自主组装圆珠笔、在美工坊创意设计等。游戏将幼儿非常熟悉的生活内容以幼儿适宜的方式呈现，幼儿在不同的游戏场景中体验了家乡的制笔工业特色，对家乡的情感在游戏中自然萌发。

同样，中班根据乡土主题生成了"蚕宝宝乐园"游戏，小班则根据最熟悉的竹子生成了"竹子乐"游戏，这些游戏内容源于生活，游戏材料取自生活，游戏与主题相互融合促进，幼儿在游戏中通过自己的实际活动积累感性经验，渐渐地内化家乡分水的概念。可以说，游戏开始出现浓浓的乡情味，乡情的萌芽正在游戏中滋养。

▲ 图 1-9　装笔游戏

▲ 图 1-10　"竹子乐"游戏

（四）收获与思考

分水镇幼儿园的园舍条件一直十分简陋，两排于 20 世纪 60 年代建成的平房围成了一个小小的四合院，操场地面是粗糙的水泥地，教室空间小且设施简单，玩具缺少。

但是，幼儿们的学习与游戏没有因为硬件的简陋而止步。在教师的努力和家长的支持下，在如此简陋的环境中，我们通过乡土化的游戏内容、原生态的游戏材料支持幼儿快乐体验游戏，在游戏中萌发乡情。幼儿园也承担了全县的游戏研讨工作。因为条件简陋，我们没有会议室就在操场上交流研讨，这项工作当时在全县形成了一定的影响力。

▲ 图 1-11　田野中的"稻草乐"游戏 　　　▲ 图 1-12　溪滩边的石头涂鸦游戏

因为有如此的收获，更促使我们进一步思考：区域游戏中的"乡情之芽"已经在乡土课程中悄然萌发，那么如何让幼儿在游戏中玩得更自主、更有味、更有情呢？我们做了如下三点思考：

第一，区域游戏之间衔接互通，让游戏更有系统乡情味。

第二，丰富幼儿的生活经验，让游戏内容更具家乡味。

第三，区域游戏年段混龄互通，让幼儿参与更多的乡情自主体验。

基于这些思考，我们看到：乡情体验游戏开始萌芽，它从乡土课程中悄然萌发。于是，我们在原来的课题研究基础上，继续深入开展"基于园本课程资源的混龄式主题区域活动的构建和运行"实践探索，探索不同年龄段的幼儿可以一起自主玩的游戏形式——互通式乡情体验游戏。

二、乡情之树：在互通式游戏中生长

2011 年 6 月，我来到桐庐县富春江幼儿园教育集团。富春江镇是一个风情旅游小镇，坐落于美丽的富春江边。在诗画般的富春山水中，丰富的旅游资源、美丽的乡村建设、浓郁的工业特色和深厚的文化底蕴，就像一部真实而又丰富的百科全书一样，蕴藏着巨大的教育财富，它向幼儿展示了具体、形象、生动的学习内容，为幼儿获得对世界的感性认识提供了天然的场所。

在这里，我进一步延续着对乡情体验游戏的探索和思考：怎样让游戏在幼儿幼小的心灵中埋下家乡的种子；如何以幼儿适宜的方式支持他们获得对家乡的理解与认识、感悟与体验，从而在游戏过程中促进每个孩子多元、整合、健康地发展，让乡情之芽茁壮生长。

2012 年，随着《指南》的贯彻落实，杭州市教研室开始整体推进幼儿园自主性游戏的研究，这给我们探索乡情体验游戏带来了指引、明晰了方向。于是，我们开始转换游戏视角，立足自主性游戏进行探索，同时申报并立项了市级规划课题"园本课程资源下互通式乡情体验自主游戏的设计与实施"，尝试从单一孤立的游戏方式走向互通式乡情体验游戏，聚焦游戏组织方式的转变。

（一）从一个男孩的自主游戏引发的启示

在互通式乡情体验游戏开展之初，各班精心创设的充满乡土味的游戏区一直没法让幼儿们自主、互通玩起来。有一天，一个大班男孩玩出了不一样的游戏。

镜头扫描

大二班男孩彬彬特别好动，每次活动的注意力集中时间都特别短。他喜欢一个人在教室里跑来跑去，或者时不时地跑到教室外面去玩。

有一天游戏时，彬彬在自己教室里逛了一圈后跑出了教室。他来到隔壁大一班的"超市"，提着篮子认真地买了一些"蔬菜"。

随后，他来到"超市"旁的"烧烤区"，点了一份"烤肉"坐在桌边"吃"。

接下来，他提着篮子又去了隔壁大三班，那里有一个"横山小吃"店，他坐下来要了一份"包子"……

玩了几个游戏区后，他拿起篮子说："我买好菜要回去烧饭了！"……

▲ 图 1-13 孩子拎着篮子在游戏

　　男孩彬彬一个人在不同班级的不同游戏区之间不停地驻足，这次游戏，他坚持的时间特别长。他在游戏中自主体验着到超市买菜、到烧烤店吃烧烤、在小吃店吃小吃、回家烧饭等日常生活，不知不觉地用生活情境串起了游戏。显然，这种游戏方式让他沉浸其中，他不断用自己的生活经验在游戏中还原和体验生活，而这样的方式又点燃了他的游戏兴趣，并延长他的游戏时间。

　　由此，教师想到：幼儿园各个班级都根据乡土资源创设了不同内容的游戏区，那么是否可以用幼儿喜欢的生活方式来串联起各游戏区，从而进一步唤醒幼儿的游戏兴趣呢？众所周知，富春江镇是风情旅游小镇，旅游是幼儿熟悉的生活方式，如果以"逛一逛、玩一玩"的情境串起游戏链，那么乡情这条隐线就可以把游戏从零散串成整体，幼儿的生活经验就会被唤醒，游戏兴趣就会被激发，游戏也就能满足幼儿爱玩、好玩的需求，同时更可以让幼儿系统化地感受和体验家乡味。

　　由此，"囡囡逛家乡"互通式乡情体验游戏应运而生。该游戏是指结合富春江镇当地的风土人情及其地方特色，选择一些幼儿喜欢的游戏项目，创设幼儿眼中的虚拟富春江小镇，让幼儿在游戏中亲身感受、体验，建构幼儿对家乡风土人情的印象，在游戏亲身经历中促进幼儿交往、认知、情感和技能的发展。而这个游戏的"互通式"，是指打破班级和年龄的界限，让不同班级、不同年龄段的幼儿根据自己的兴趣、爱好和特长，自由选择游戏地点、游戏材料、游戏形式和游戏玩伴，自主开展游戏，实现游戏材料、游戏空间的全共享。

（二）"囡囡逛家乡"互通式乡情体验游戏的设计与实施

1.乡情体验游戏内容设置

乡情资源，是幼儿游戏的"活"资源。"囡囡逛家乡"互通式乡情体验游戏聚焦富春江地域资源特色与幼儿发展之间的关系，充分利用富春江镇乡土资源的原色、原味、原点，结合幼儿的年龄特征和身心发展规律，从儿童的生活经验与兴趣的需要出发，确定游戏内容。

表1-4 "囡囡逛家乡"互通式乡情体验游戏内容设置

游戏类别	游戏名称	基本乡情要素
乡村体验	乡村大舞台 景点玩一玩 农家乐一乐	◎乡村大舞台：本地有名的文化艺术项目 ◎景点玩一玩：本地有名的景点，如印象富春江、白云源等 ◎农家乐一乐：农家乐等本地有名的乡村体验项目
美食体验	横山小吃区 麦香园蛋糕房 芦茨佬烧烤店 乡村美食区	◎横山小吃区：馄饨店、面馆、包子铺 ◎麦香园蛋糕房：制作、品尝蛋糕 ◎芦茨佬烧烤店：烧烤、品尝 ◎乡村美食区：制作并品尝传统名点，如米果、馒头、油鸡、馓子等
生活体验	丫丫美发屋 美颜照相 春江超市 农贸市场	◎美发屋：洗发、理发、美发 ◎照相馆：化妆、美容、造型 ◎春江超市：购物 ◎农贸市场：乡村农产品集市
艺术体验	风情一条街（纸绳馆、布衣馆、扇绘馆、青韵馆、剪纸馆）	◎纸绳馆：纸绳创作 ◎布衣馆：线描艺术创作 ◎扇绘馆：线描艺术创作 ◎青韵馆：青花瓷线描艺术创作 ◎剪纸馆：剪纸艺术创作

"囡囡逛家乡"互通式乡情体验游戏形成了四大类乡情体验：乡村体验、美食体验、生活体验和艺术体验。这些体验来源于富春江镇方方面面的地域特色，同时基于幼儿的旅游生活经验，支持幼儿在"跟团游家乡"和"自由逛家乡"的游戏方式中建构对家乡风土人情的认知，获得交往、认知、情感和技能等方面能力的发展。

2. 乡情体验游戏环境创设

创建具有浓郁家乡特色的"三味"游戏环境，即家乡味、旅游味和人文味。家乡味，重在乡情元素渗透；旅游味，旨在唤醒游戏兴趣；人文味，关注游戏的隐形支持。

家乡味：把富春江的典型元素，如山水风光、乡村风貌、民俗文化和幼儿园的艺术特色植入环境，追求"特色"与"本身"的和谐共融，形成浓郁的具有整体性的乡土大环境。

旅游味：将走廊、楼道等公共环境布置成一个虚拟的"富春江小镇"。在墙面上张贴幼儿自主产生的旅行团，如"朵拉旅行团""熊大旅行团"等九个旅行团，以及旅行线路图和富春江的风景图片，逼真的"旅游味"环境让幼儿仿佛置身于旅游实景中。

人文味：通过隐性环境的创设和利用，有效支持和促进幼儿的游戏。如可自主收放的小方桌、可灵活移动的收纳柜等支持幼儿自主游戏；又如楼道转角有师幼一起设计游戏的楼层地图、旅行线路标记图，支持幼儿自主寻找游戏场地。

▲ 图 1-14 艺术风情街

▲ 图 1-15 美丽乡村一角

▲ 图 1-16 风情一条街

▲ 图 1-17 农家厨房一角

3. 乡情体验游戏材料支持

乡情体验游戏材料通过"收集、投放、运用"三步稳妥地实施，同时动员教师、幼儿和家长三方共同合力，保障游戏的顺利开展。

多渠道的材料收集：首先，根据游戏需求讨论游戏材料，统计梳理材料清单；其次，发动教师、家长、幼儿积极收集材料；最后，对收集的材料进行甄别、筛选、完善。

多层次的材料投放：一是体现适宜不同年龄的层次性，这是基础要求；二是以非结构化为主，简约、通用；三是虚实结合，既有类似"娃娃家"的仿真材料，又有美食的真实材料；四是贴近主题，服务情节及内容需要。

多功能的材料运用：设置"材料自选站"，支持幼儿自主选用。教师根据收集区中材料的安全性等进行筛选，然后归类摆放到"自选站"，供幼儿在游戏中自主选择、使用。

▲ 图 1-18　富有自然山水味的游戏环境

4. 乡情体验游戏组织实施

"囡囡逛家乡"互通式乡情体验游戏的对象是全园幼儿，小、中、大班幼儿一起混龄游戏。为此，基于幼儿年龄特点和兴趣水平的差异性，生成了三种游戏模式。

（1）情境式体验模式

该模式主要以"游"为线、以"景"为珠，彩线串珠，开展乡情体验，让不同区域的游戏材料、游戏人员发生互动，从而引发游戏的互通。基于幼儿对于家乡游客众多的生活经验和个体需求，形成了"跟团游家乡"和"自由逛家乡"两种游戏方式。下面以"跟团游家乡"为例来解析这一模式。

游戏前：设置招聘中心、培训中心和游客中心三大活动区，引导幼儿做好相关的角色认领、经验准备工作。

游戏中：音乐起，自主选好角色的幼儿分别就位。工作人员到游戏区穿上工作服到场地就位；导游则选择到各个旅行团就位，随后去班级里招募游客，带领团队坐车出发去游览。

游戏后：结束音乐起，导游带着游客重新回到游戏出发地，并由负责的教师组织幼儿对本次游览的情况进行问题聚焦式互评。其他区域的整理工作则由工作人员完成，待完成整理工作后回本班教室，进行交流分享。

（2）主题式体验模式

在该模式游戏过程中，幼儿围绕生活自主生成主题，随之围绕主题开展游戏，和不同区域的游戏材料、游戏人员发生互动，引发游戏的联动。

```
教师 ─┐
      ├→ 生成主题 → 展开讨论 → 开展游戏
幼儿 ─┘            制订计划
```

▲ 图 1-19　主题式体验模式流程图

（3）任务式体验模式

任务式体验模式支持幼儿根据游戏的发展需要自主完成一项规定的任务，在完成任务的过程中，和不同区域的角色、材料发生互动，如扎染坊、沥糊坊、墨韵坊、陶泥馆、青韵馆等游戏馆都有游戏任务。

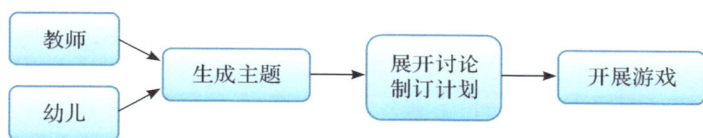

▲ 图 1-20　小导游带队在青韵馆游戏区进行任务式体验

（三）互通式乡情体验游戏的支持策略

1. 游戏前的支持策略

（1）唤醒生活经验，丰富游戏内容

游戏前，教师要充分了解幼儿的生活经验，预设可能出现的游戏情境，提供符合需要的游戏材料唤醒幼儿的已有经验，如通过照片、视频和实物材料等。另外，教师也可以组织幼儿讨论、交流之前的游戏，找到新的挑战点和兴趣点继续游戏。

（2）制订游戏计划，梳理游戏思路

教师可以引导幼儿说一说自己想玩的游戏，和同伴一起讨论，拓展思路，有能力的幼儿可以提前表明自己的游戏愿望，比如想"自主游"还是"跟团游"等。通过制订游戏计划，幼儿能够梳理游戏思路，学会有目的地进行选择，减少游戏过程中的盲目性，同时能逐步养成做事有计划、有目标的好习惯。

2. 游戏中的支持策略

（1）随时解读幼儿

教师在每一次游戏活动时都要准备游戏观察记录表，随时记录看到的内容，有效解决在游戏过程中容易遗忘的问题；同时，根据游戏环节及内容要求，设计不同的游戏观察记录表，加强游戏实践的整理和反思。

（2）巧用导引方法

同伴互助式：利用混龄游戏中突出的同伴优质资源，引导幼儿与同伴互动学习，充分发挥同伴各自潜在的优势，进行互补迁移。在同伴的相互影响下，不断拓展幼儿的思维，培养其良好的习惯及学习品质。

言语启发式：语言引导往往能启迪幼儿，让幼儿愿意动口去表达自己的看法，动手去进行操作表现，促进幼儿运用原有的知识、经验和想象力去丰富和补充。这种形式的引导，幼儿会更乐于接受。

适时参与式：在参与幼儿活动的时候，教师选择合适的时机，通过恰当的方式方法，以提高幼儿游戏的趣味性和挑战性，让幼儿更愿意主动克服困难，在游戏中学习，从学习中获得乐趣和满足，从而更有利于培养幼儿的独立思考能力。

欣赏激励式：教师要学会欣赏幼儿的游戏剧情，了解幼儿的游戏动机和分析幼儿的游戏水平，管住嘴，不随意介入游戏。在了解幼儿、读懂幼儿的基础上，尊重其游戏兴趣和愿望，借助幼儿的兴趣点诱导新的游戏情节产生，不断拓展幼儿游戏的内容。

（3）渗透安全教育

在互通式游戏中，幼儿自主穿行在各个楼层自由游戏，选择性、自主性空间扩大，这增加了幼儿冲突行为产生的概率，安全问题更为严峻。基于此，我们提出三种解决方案：一是加强常规教育，如上下楼梯不推、不挤，楼道内不追跑，爱护弟弟、妹妹，学会谦让，等等；二是由专人负责楼道安全，及时发现问题并反馈给班级负责教师；三是对于幼儿的友好行为、文明行为通过奖励肯定，促使幼儿相互学习、模仿。

3. 游戏后的支持策略

游戏结束后的经验梳理与交流反思对幼儿游戏的支持价值非常之大。在这个环节，教师通过引发和推动幼儿的自我评价和集体反思，帮助幼儿回顾游戏过程、梳理经验、发现问题、反思方法、建构经验。教师可以通过妙用游戏评价，为幼儿的游戏提供进一步的支持与引导。

（1）表格式评价

表格式评价（绘画式评价）主要针对中、大班幼儿。主要的操作方法是：幼儿结合表格进行自我评价，即用自己的方式描述（绘画）游戏情况，并和同伴进行相互评价，最后由教师进行梳理、评价。这种评价方法能够帮助教师及时了解幼儿的真实想法、游戏需要及已有经验，有利于幼儿相互交流游戏经验，提高幼儿的语言表达能力和大胆创造的能力。

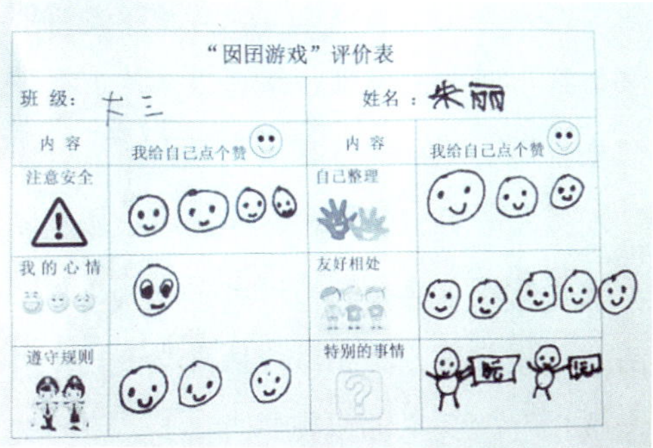

▲ 图 1-21　"囡囡逛家乡"评价表

（2）分享交流式评价

分享交流式评价适用于各班幼儿。主要的操作方法是：游戏结束后，幼儿围坐在一起交流游戏的体会。教师在倾听过程中，要及时引导幼儿回忆游戏情节，引导幼儿提出问题，引发幼儿思考，从而提升游戏水平。这种评价方法能够使幼儿的表达日趋完整、清晰，帮助教师理解幼儿的情感需要，并通过问题提醒或帮助梳理来解决问题。

（3）聚焦问题式评价

聚焦问题式评价同样也适用于各班幼儿。主要的操作方法是：教师在观察过程中，用拍照或录视频的方式及时捕捉有必要探讨的问题。待游戏结束后，教师通过照片或视频播放提出问题，引发幼儿思考，最终讨论出解决问题的方法。这种评价方法针对性较强，在研讨过程中不仅能丰富幼儿的游戏情节，还能有效促进幼儿认知能力的发展。

4. 游戏成效与思考

互通式乡情体验游戏使游戏方式更加灵活自主，幼儿的家乡情感在游戏中不断萌发。下面，让我们跟随镜头来看看"囡囡逛家乡"游戏中的情境式游戏模式，看看幼儿如何化身导游和游客体验乡情。

游戏案例

● "大头儿子"旅行团

游戏准备：导游童童从九个旅行团中认领了"大头儿子旅行团"，这些旅行团的名字都是小朋友们提供、票选出来的，有"图图旅行团""朵拉旅行团"等。

招募游客：童童拿好导游旗、团员帽之后就挥舞着小旗在自己班里招募队员："大头儿子旅行团，要参团的请跟我来，名额有限哦！""我不去，我要当散客，喜欢去哪儿就去哪儿。"有小朋友表示不想跟团游。

童童又大声说道："我们今天的路线是白云源—横山小吃—青韵馆，想去的跟我来。"马上有三名小朋友举手参加他的旅游团。童童给三名团员戴上"大头儿子"团员帽后，又先后来到大二班、大三班、中一

▲图1-22 小导游在带队游玩

班……顺利招满了十名团员。

　　风景区旅游："欢迎加入大头儿子旅行团，我们的第一站是'白云源'，请跟着我出发。"导游童童边说边带团来到了一楼的旅游景点街，景点街主打富春江的各个景区游览，在水墨山水的背景中，有乘船、观景等项目供游客们选择、体验。

　　美食区体验：导游童童挥着小旗继续喊："第二站是'横山小吃'，请跟紧我，不要掉队哦。"横山小吃美食区在二楼的班级教室里，游客们在这里可以品尝到家乡的馄饨、面条、包子等小吃，也可以参与小吃的制作。在这里，导游童童和一同进店的散客欣欣一起在体验区制作了一笼米粿。

　　风情街体验：导游童童带着旅行团来到最后一站"青韵馆"，"青韵馆"位于风情一条街，风情一条街是融合本土材料、废物利用的艺术创作街，游客们在这里可以发挥自己的想象力和创造力。童童带着团员们在"青韵馆"坐了下来，用线描创作青花瓷。游戏区在游戏材料的提供上也是有层次的，有适合中班的半成品，也有适合小班的简单花样的纸盘等。

　　显然，"囡团逛家乡"乡情体验游戏将游戏区从一个个分散割裂的区域变成了有趣味性的情境串联，从幼儿视角将游戏生活化、生活游戏化，让幼儿带着小主人的角色意识体验游戏。

　　从这个游戏里我们可以看出，乡情体验游戏从游戏内容到游戏方式的变革：一是围绕主题，游戏内容更系统化、生活化，乡情味更浓了；二是游戏互通，游戏方式更有情境性、趣味性，乡情体验更自主了。

　　由此可知，互通式乡情体验游戏需要注意在不同游戏区提供不同层次的游戏材料，支持不同年龄段的幼儿进行游戏。可以看到，在游戏方式的不断变革发展中，乡情体验游戏的"乡情之芽"逐渐茁壮成长为枝繁叶茂的"乡情之树"，幼儿在互通式游戏中快乐地体验着，乡情也深深地弥漫在其中。

　　然而，看着一个个生动的游戏现场，我们并没有停止探索的脚步，而是基于幼儿立场进一步深入思考：如何进一步支持幼儿按自己的意愿自主游戏，支持幼儿建构自己眼中的家乡，从而让"乡情之树"绽放出更自主的"乡情之花"。

三、乡情之花：在联动式游戏中开放

2015年7月，我来到桐庐县实验幼儿园教育集团。幼儿园坐落于桐庐县城的老城区，这里濒临富春江，背靠桐君山。桐庐是中国最美县之一，县城又是中国最美县城之一，风景秀丽，富春江穿城而过，越剧、剪纸的文化特色底蕴深厚，这些丰富独特的地域资源为幼儿园课程开发提供了许多可能。

随着任教地方的不断调动，我从农村乡镇一路走到县城，变化的是乡土资源，不变的是我对乡情体验游戏的坚持。无论乡村还是城区，每一个地方都蕴含独有的资源、特别的乡情底蕴，而游戏也同样可以让乡情在城区幼儿的认知中延续，在城区开放出美丽灿烂的"乡情之花"。

县城江北的老城区历史悠久，这里承载着悠悠桐韵，有着承载儿时记忆的东门码头，老码头附近的区域就是老桐庐人眼中的"东门头"。这里曾经是老县城最繁华的地段，有着多条穿街过巷的老弄堂，小吃店、喜糖铺和茶馆等立于其中。这些独具特色的乡土资源为幼儿积累了丰富多样的生活经验，因此乡情体验游戏"东门故事"伴随着园本课程的开发产生了。

（一）从儿童视角辨析游戏的生长点

幼儿园历史悠久，但园舍陈旧、面积狭小，幼儿活动空间拥挤不堪，全面开展游戏困难重重。然而，幼儿的游戏无处不在。管窥幼儿的游戏，虽然在种种障碍阻挠中缓慢前行，但他们自主玩耍的一些游戏让我们看到了新的游戏萌芽的可能。

镜头扫描

大三班的"东门棋吧"里有象棋、围棋和五子棋等各种棋子，一有空闲，孩子们就会把棋具搬到教室外面的走廊去下棋，俨然一个热闹的"棋吧"。

大一班有东门表演区，孩子们兴奋地舞着水袖模仿社区戏台表演；大二班模仿老街开起了小吃店和喜糖铺。

慢慢地，孩子们已不满足于在本班玩游戏，个别孩子开始走向其他班级串门玩游戏……

▲ 图 1-23 喜糖包装游戏

我们看到，大班幼儿在游戏中喜欢模仿东门老城区的生活，已经能将买卖东西等生活经验有意识地延伸到自主游戏中，他们的游戏兴趣非常浓厚。幼儿在游戏需要得不到满足时出现的个别串班游戏现象，也引发了教师的思考。

第一，在班级空间拥挤的时候，教师是否应该在班级间资源共享上支持幼儿游戏，为幼儿提供更多的游戏互动时间和空间。

第二，在幼儿自主进行的游戏内容有着共性指向和联系的时候，教师是否应该运用适宜有效的策略使这些有着共性指向的不同游戏区域之间产生关联和互动，以此来支持和促进游戏的发展。

基于这些思考，我们从大班幼儿的兴趣和游戏能力发展的需要出发，立足于本土乡情文化，循着幼儿在游戏中喜欢模仿东门老城区生活的意愿而生成联动式乡情体验游戏——"东门故事"，探索大班年级组"区区联动"游戏的模式，从游戏内容、空间、材料和方式等多维度地开展各班游戏区之间的联动，支持幼儿演绎游戏中的"东门故事"。

联动意为联合行动，在游戏中各区域之间联合开展可以使游戏之间产生关联和互动，使游戏的作用更显著。

表1-5 "东门故事"联动式乡情体验游戏设置

游戏主题	联动游戏内容	联动空间	游戏对象
"东门故事"	东门卫生院	大三班活动室	大班全体幼儿
	东门早餐店	大二班活动室	
	东门喜乐铺	公共走廊	
	东门茶楼	公共走廊	
	东门棋吧	大三班门口走廊	
	东门大戏台	公共前厅	
	东门社区	大一班活动室	
	社区银行	大二班门口走廊	
	剪纸工艺坊	大一班门口走廊	

　　"东门故事"联动式乡情体验游戏满足了幼儿自由、自发、自主游戏的愿望。通过游戏区的系统设置，师幼再现了老城区热闹的生活景象和悠闲的生活方式，激发了幼儿参与游戏的热情，并且幼儿在过程中能持续专注地投入游戏，创造性地开展游戏，既丰富了自主游戏的内容和形式，推动幼儿游戏水平的进一步发展，又加深了幼儿对家乡桐庐的认同感，萌发了爱家乡的美好情感。

▲图1-24 自主布置游戏场地

▲图1-25 自主准备游戏材料

（二）从儿童需求突破游戏的发展点

儿童是有能力的学习者和探索者，在乡情体验游戏中，儿童总会随着自己的需要去创新游戏方式。作为教师，要做的就是发现儿童、读懂儿童，顺应儿童的需要，及时支持游戏的发展。

游戏案例：流动的茶水吧

镜头扫描

◯ 固定的茶水吧

"东门故事"联动式乡情体验游戏里，有东门棋吧、东门大戏台、东门茶楼、东门喜乐铺等关于东门老城区生活的游戏区，每个区域都有指定的游戏场地。

"东门茶楼"的游戏场地被指定在"东门棋吧"旁边，茶楼的主要客人就是来棋吧里玩的小朋友，每次来喝茶的人很少。

一次，外向的涛涛和雯雯选择了"东门茶楼"这个游戏场地。游戏过了很长时间，见没有客人过来，涛涛就大声吆喝："茶铺开张了，快来喝茶！"这一喊果然吸引了几个小朋友过来。

▲ 图 1-26 固定的茶水吧

丽丽从表演区走过来喝茶，她建议："我在看演出，跑到这里来买茶有些节目就看不到了，你们可以把茶水送过去卖吗？"雯雯说："我们的茶水吧就是在这里的……"

显然，游戏中产生了新的需求点——茶水吧可以换位置吗？为此，游戏结束后，教师组织孩子们围绕"能不能换地方游戏"展开了讨论，有的认为游戏区的位置不能换，有的认为可以换，但是换地方的话，游戏材料怎么搬动呢？最后，孩子们认为可以外送。

于是，根据孩子们的综合建议，教师同意孩子们在茶楼里添置小推车、小折叠桌，并增加了外送服务项目，支持孩子们自主选择游戏场地。固定的茶水吧就变成了流动的茶水吧。

镜头扫描

● 流动的茶水吧

游戏时间到了，今天茶水吧的两个服务员分工合作，浩浩拎着折叠的小方桌，倩倩推着小推车，车里放着茶壶、水和小纸杯，他俩一起把这些物品推到"东门大戏台"观众席后面的空地上。

浩浩把折叠桌打开放好，倩倩从手推车里拿出茶壶和茶杯放到小方桌上，他们开始叫卖："卖茶喽！快来喝茶！"

听到叫卖声，陆陆续续有几个正在看戏的观众过来买茶。过了一会儿，见客人越来越少，两人低头商量了一下。于是，倩倩把茶壶和纸杯放回手推车上，浩浩收起小方桌，两人推的推、拎的拎，又来到快递区旁边的空地上摆摊叫卖。

随后他俩又推着小推车来到了沙池边、建构区……

▲图1-27 可移动的茶水架

▲图1-28 "流动的茶水吧"游戏

从这个游戏中可以发现，大班的两个孩子正在自主地使用游戏场地。他们从原先固定的游戏区域（指定区）走出来，根据游戏发展的需求，不断变换场地推进游戏情节。

　　教师没有把这些固定区紧紧地靠近或连在一起，而是在这些固定的游戏区之间有意识地设置了相对开阔的过渡区，这样既方便幼儿走动，又能让幼儿灵活地小范围使用（自定区），这些相对开阔的小场地其实是非常适合作为游戏场地的。

　　从"指定区"到"自定区"，幼儿自主生成了"流动的茶水吧"游戏，游戏自定区为幼儿的自主选择和决定游戏场地创造了条件，更深一步体现了游戏的灵活性和自主性，使幼儿能够做自己想做的事情。

　　"流动的茶水吧"游戏给幼儿带来了新的乐趣，这时候幼儿活动的积极性、主动性最高，他们有了更多互动和交流的机会，更加真实地感受到了游戏的生活性，获得更丰富的情感体验，也充分调动了其他区域幼儿的游戏积极性。

▲图1-29　"东门故事"游戏联动中

　　从游戏中，我们可以看到游戏品质内涵的提升：第一，从固定到流动，呈现的是游戏场地的变化性，给予幼儿自主；第二，从乏味到趣味，呈现的是游戏内容的生成性，给予幼儿兴趣；第三，从被动到自主，呈现的是游戏方式的主动性，给予幼儿快乐。

　　可见，在"东门故事"联动式乡情体验游戏中，游戏的联动使各个游戏区之间互相发生关联，幼儿在和不同的游戏区交往互动中，产生新的学习机会和游戏体验，使零散的生活经验得以串联，从而获得自然整合的学习发展。

在游戏中，我们可以看到教师的支持、幼儿的发展。教师发现并读懂幼儿的游戏，及时用材料支持与适时指导，让游戏过程成为幼儿的兴趣和需要得到满足的积极活动过程。同时，将游戏的主动权交给幼儿。在游戏中，支持玩伴自主、材料自主、玩法自主，促进幼儿主动性、独立性、创造性的发展。

在这个阶段，教师进一步放手让幼儿自主游戏，让幼儿在乡情游戏中能够更自主创新地体验，这是一种尊重幼儿的游戏理念的回归。自主游戏强调教师信任幼儿，放手让幼儿选择，自主地把握游戏内容和游戏过程，玩自己的游戏。因此，乡情体验游戏一步步从"乡情之芽"逐渐成长为"乡情之树"，当教师的游戏理念真正回归后，蕴含自主发展的"乡情之花"就会绚丽绽放。

四、乡情体验游戏的实践成效与反思

综观整个乡情体验游戏十余年来的发展轨迹，它体现了自《纲要》《指南》颁发以来幼儿、教师和幼儿园的变化与发展。

（一）幼儿发展

幼儿获得自然整合的乡情教育。乡情体验游戏以幼儿最喜欢的游戏方式自然而然地让其体验和感受乡情，让幼儿轻松愉快地融入家乡这个大家庭，学会关心生活、关心社会，在亲身参与和体验中逐渐积累经验并渐渐地内化家乡的概念，爱家乡的社会性情感伴随着幼儿自身活动的丰富而更加自然整合地发展。

幼儿获得快乐而有意义的发展。乡情体验游戏聚焦于幼儿交往、合作和情感等方面的整体发展，通过互通、联动等方式给予幼儿更为广阔的交往空间，为幼儿提供更多合作、交流和解决问题的机会。在与同伴愉悦交往的气氛影响下，幼儿会非常自主快乐且有意义地学习与发展。

（二）教师成长

促进游戏观念的变革。乡情体验游戏的发展过程是教师不断发现幼儿、追随幼儿，进而支持和推动乡情体验游戏发展的历程。游戏不止关注乡情体验，更聚焦赋予幼儿的多维发展，体现了教师教育观和游戏观的转变与提升。

提升游戏实施的能力。乡情体验游戏促进了教师不断创新变革游戏方式，使游戏形成了多种模式，既有互通和联动，又有室内和户外。未来游戏会有更多的创新发展，而创新发展的过程也会让教师的游戏组织与实施能力不断提升。

（三）幼儿园变革

践行游戏精神。乡情体验游戏实践探索的过程，是幼儿园游戏理念不断落地的过程。实践促进幼儿园进一步深入践行《指南》对于"幼儿教育要以游戏为基本活动"的精神，更加让教师意识到游戏对于幼儿的重要性。

展现园本化亮点。乡情体验游戏使丰富多彩的地域特色资源被充分地挖掘和有效地利用，使当地的课程资源通过游戏发挥独特的育人作用，幼儿园也因此形成了课程园本化实施的亮点。

▲ 图1-30 孩子们正在欣赏剪纸艺术

比如，当年分水实验幼儿园的"制笔之乡"乡情体验游戏蜕变成了"妙笔小镇"混龄式乡情体验游戏。该游戏利用"笔"资源创设"一坊二间三馆"游戏环境，形成了三大类体验游戏——"奇妙·笔之创想""巧妙·笔之畅玩""美妙·笔之乡韵"游戏，让幼儿在"设计、制作、游览"的游戏体验中建构对"制笔之乡"的印象，获得交往、认知、情感和技能等方面的整体发展。

再比如，乡村小微幼儿园——桐庐县江南幼儿园教育集团深澳园区，把江南古村落的乡情乡韵淋漓尽致地展现在"回味深澳"乡情体验游戏中，老街、古法水系等独特的乡村资源被幼儿用自己的方式在游戏中快乐地探索着、体验着。

又比如，桐庐县实验幼儿园教育集团的"东门故事"乡情体验游戏，在实践中不断深入链接老城区生活与幼儿对于家乡认知的发展点，进一步探索发展成为围绕"老码头、老店铺、老艺术"的乡情体验游戏升级版，聚焦点不断深入，让挥不去的乡愁在游戏中植入，让"绵绵老城忆"没有成为过去，可以一代代延续下去。

乡情体验游戏，让幼儿以自己喜欢的游戏方式自主体验、探索家乡，幼儿在游戏中体验，乡情在游戏中浸润，文化在幼儿中传承。

乡情体验游戏，是乡土文化的寻根教育。

乡情体验游戏，让乡情扎根在幼儿心中。

第二章

殷殷笔乡情：「妙笔小镇」游戏

乡情资源分析

分水镇是桐庐县西部的山区小镇,分水实验幼儿园就坐落在美丽的分水江畔,有着到处可挖掘的乡土教育资源。

文化资源:"中国制笔之乡",笔业文化深厚;浙江省第一批"千年古镇",曾是唐朝状元施肩吾读书处、南堡精神诞生地,被誉为"状元故里、进士之乡"。

社会资源:分水镇的制笔厂星罗棋布,许多幼儿的家里就开办笔厂,当地居民的工作基本与"笔"有关。幼儿园附近有分水镇最具代表特色的"笔业博览中心",每年这里都会举办盛大的笔业博览会。

自然资源:作为山区小镇的分水山峦重叠,溪涧纵横,分水江穿城而过,小镇依山傍水,风景秀丽。

▲图2-1 "中国制笔之乡"分水镇

家乡制笔产业的发展潜移默化地影响着幼儿的生活，丰富的"与笔互动"的经验、零散的"中国制笔之乡"的认知，两者之间的差距正体现了幼儿的探索和发展需求。为此，聚焦地域资源特色与幼儿发展的关系，审视"笔"资源的利用和课程的园本化实施，"妙笔小镇"混龄式乡情体验游戏应运而生。

预期目标

1. 喜欢参加"妙笔小镇"游戏，并在游戏中进一步感知、尝试和体验制笔的基本流程。

2. 乐意在情境中积极主动地和同伴一起游戏，学习交往与合作，大胆利用各种笔的配件材料进行自主游戏，并大胆表达和创造想象。

3. 在游戏体验中进一步认识家乡分水是有名的"中国制笔之乡"，感受家乡的蓬勃发展，萌发对家乡的喜爱之情和自豪感，产生积极的社会性情感，形成良好的情感定势。

一、奇妙·笔之创想

　　"奇妙·笔之创想"主题游戏旨在引导幼儿欣赏色彩鲜艳、造型不一且功能多样的笔，感受家乡笔种类之多的神奇，在此基础上建构自己的"奇思妙想"。该主题创设了"妙笔大变身""创意笔杆乐""小小设计师"三个游戏区，充分利用各种笔的零部件材料，支持幼儿用多样化的方式大胆进行创意表达。这类游戏能满足幼儿的创作表达需要，这也是本游戏最为突出的教育价值。

（一）环境创设与材料投放

环境创设

　　★**妙笔大变身**：生活中的笔、笔的演变过程展板、展示架、创想基地（说一说）等。

　　★**创意笔杆乐**：笔杆创意画墙面展示、笔零件材料筐、操作底板、笔杆吹画、笔杆贴画、笔杆大作品等。

　　★**小小设计师**：设计草图展板、幼儿表征过程的图卡、设计工作间、设计打分表、星级推荐书、欣赏样笔区等。

▲图2-2　妙笔大变身游戏区　　　▲图2-3　创意笔杆乐游戏区　　　▲图2-4　小小设计师游戏区

材料投放

★ **自然材料**：芦苇、树枝、大石头、小石头、羽毛、稻草、树叶等。

★ **废旧材料**：废旧笔杆、笔零件（笔帽、笔芯、笔套、弹簧等）、旧木盒、空酒瓶、纸盒、泡沫盒、旧纸板等。

★ **美工材料**：扭扭棒、玉米粒、纽扣、瓦楞纸、吸管、纸杯、超轻黏土、颜料、剪刀、固体胶、双面胶等。

★ **自制材料**：笔筒、创意笔展示底板、打分表、推荐书等。

★ **辅助材料**：各种各样笔的展示图、设计推广海报、宣传栏等。

▲ 图 2-5　笔零件游戏材料　　▲ 图 2-6　操作底板游戏材料　　▲ 图 2-7　毛竹竿游戏材料

（二）乡情游戏组织与指导

妙笔大变身

● **游戏前**

★ **看一看**：观察、熟悉各种笔零件及制作笔的创意材料，丰富关于笔的已有经验，拓宽视野。

★ **说一说**：了解生活中各种各样的笔，大胆表达自己心中最爱的笔。

★ **想一想**：讨论如何装扮笔，并根据外形、功能选择适宜的材料等。

● **游戏中**

★ 鼓励和支持幼儿按照自己的意愿，大胆运用多种材料，用多种方式装扮笔，发挥自己的创意想象。

★启发幼儿制作有主题的笔，如测温笔、风车笔等，能有目标、有计划地一步步大胆尝试操作。

★关注幼儿与同伴商量交流等合作行为，大胆表达自己对笔的创意思考。

★关注幼儿在创作过程中的关键技巧，以及将想法转换为行动的游戏能力，分析其背后的行为及原因，及时调整。

▲图2-8　妙笔大变身游戏

◎游戏后

★组织幼儿分类整理各类活动材料，并根据主题、结构或功能等对笔进行分类整理。

★组织幼儿进行小组式评价，互相介绍自己的作品，分享自己的做法，如笔的名称、用什么材料装扮等。

★组织幼儿利用自我推荐或他人评选的方式，对制作的创意笔进行投票，并将创意笔进行分区展示。

创意笔杆乐

◎游戏前

★学一学：提供创意笔杆画的素材，让幼儿感受用排列或对称等方法制成的画的美感，丰富经验。

★**看一看**：引导幼儿阅读素材书本，欣赏各类艺术形式的呈现方式，了解可选择的操作材料。

● 游戏中

★根据幼儿的游戏情况，在问题解决中推进游戏的开展，比如在粘贴过程中出现的材料、制作等问题，都是很好的经验发展点。

★关注幼儿在拿取笔零件时的收纳问题，是否会因为材料的零散影响游戏行为和游戏体验。

★鼓励幼儿采用多元化的艺术表达手段，在创作过程中同步发展合作、计划、审美、表征和联系等能力。

▲ 图 2-9　创意笔杆乐游戏

▲ 图 2-10　幼儿在装扮笔

● 游戏后

★依据幼儿的兴趣点投放操作底板，与日常教学活动进行有机结合，支持幼儿游戏后的整理工作。

★组织幼儿举办创意笔杆作品的展览会，在自主欣赏的同时进行评价交流。

▲图 2-11　男孩在组合搭配笔杆造型

小小设计师

◉ 游戏前

★品一品：让幼儿观察各种笔，了解笔的多样性，积累笔的造型结构等经验，助力幼儿充分发挥想象，设计自己喜欢的笔。

★想一想：引导幼儿构思样板间的格局，想一想设计图纸的格式、设计师的自荐方式，以及如何进行设计评价（打星、送小红花、投票）等。

◉ 游戏中

★提供各类图纸，支持幼儿大胆自主设计笔的款式及功能。

★关注幼儿在设计中的奇思妙想，激发幼儿产生创造发明的意识，鼓励幼儿根据现实情境设计相对应的笔。

★关注幼儿对展示区样笔的观察和模仿，特别是具有设计亮点的样笔，是否能发现其特别之处，汲取创作灵感。

★支持幼儿的设计想法，对于表现能力较弱的幼儿适时介入其创作活动，引导其打开思维，提供创作素材。

▲图2-12 小小设计师游戏

● 游戏后

★根据游戏情况反馈，加深对不同层次幼儿的游戏经验铺垫，提供图片、实物等素材，让幼儿有更丰富的认知。

★通过幼儿互评、师幼互评的方式进行"最具设计笔"的评选活动，并使用打分表、星级推荐书等方式进行"妙笔设计"的推广宣传。

（三）乡情游戏观察与分析

观察区域：妙笔大变身

注 意

游戏区新投放了五颜六色的"玉米粒"材料，雯雯和小伙伴叫道："哇，有好多彩色的东西！"他们捏了捏新材料说："好软呀！"

雯雯说："今天，我要做一支'棉花糖笔'。"她拿起一根黄色的吸管，看了看两头，把尖尖的一头竖在桌面上，平平的一头朝上。接着，她又拿起一根粉色的扭扭棒围着吸管螺旋式盘绕，用双面胶在平头处粘了一圈。

这时，她开心地看着"彩色玉米粒"材料筐，选了一颗紫色的粘贴在胶带上，并依次选取了蓝色、绿色、白色、红色四颗不同颜色的"玉米粒"，一颗挨着一颗粘贴起来。

最后，她选择了一颗绿色的"玉米粒"，将其轻轻按进平头吸管，大声叫道："好啦，老师你看，我的笔完成了！我还要做一支。"

雯雯又拿来一根淡粉色的透明吸管，她往里面填充彩色的"玉米粒"，用小手一颗接着一颗塞进吸管。不一会儿，彩色笔杆就完成了。她又利用毛线、超轻黏土等材料，将其做成了一支"风车笔"。

旁边的圆圆小朋友要做一支"魔法笔"，她利用各种各样的材料，把尖头吸管剪掉，自制"笔尖"，还把勺子粘贴到了笔上，她介绍说这支笔还有吃饭的功能；可可小朋友迟迟才开始动手，做得很简单，只围了一圈"玉米粒"，不过她搞错了笔尖和笔头的方向，但也和老师分享她设计的按钮在哪里……

▲ 图 2-13　幼儿在聚精会神地装扮笔

(识)(别)

▼游戏区投放了新的"玉米粒"材料，激发了幼儿的想象力和创造力，材料的定期投放与更新很重要，能更好地激发幼儿的游戏兴趣。

▼当雯雯说出要做一支棉花糖笔时，说明投放材料的性质与幼儿设计笔有直接关系。在第二次制作时，雯雯毫不犹豫地选择"玉米粒"填充笔杆，这是由第一次按笔头经验折射产生的新灵感，说明她是善于思考和想象的孩子。

▼从笔尖朝下、设计笔头等地方都能看出雯雯对笔的已有经验。在粘贴"玉米粒"时，她有了紧挨、依次的顺序意识，并能挑选不同的颜色进行搭配，具有自己的审美意识。而她在使用双面胶、扭扭棒等方面更表现出不错的动手能力。

▼幼儿在游戏区里表现出了不同的游戏样态，每个幼儿都很认真地创造自己喜欢的笔，虽然有差异性，但都愿意分享自己的成果，说明游戏带来了积极的情绪体验，并且让幼儿充满了成就感。

回应

▼教师应该根据幼儿游戏水平的发展需要定期更新游戏区的材料，从而给幼儿游戏搭建一个"有活水"的游戏泉眼。

▼教师提供的吸管材料成了幼儿制作笔杆的首选材料。吸管一头尖尖的，与笔的造型有一定的匹配性。但材料雷同会局限幼儿的创造性，后期教师还应投放木制笔杆、小竹竿等自然物供幼儿设计、创作。

▼在幼儿有了计划意识时，教师应提供给幼儿一些可视化的经验表征途径，让幼儿把所思所想呈现出来，便于实践和检验。

▼当幼儿在设计制作过程中呈现的方式较单一，并且有互相模仿的行为时，教师可以提供一些有数学原理的装饰元素，如颜色模式、形状对称等，让幼儿在设计制作笔时有可参考的素材，铺垫一定的经验。

▼对于不同幼儿表现出的游戏行为，教师应给予不同的支持：鼓励经验不足的幼儿大胆地把自己的想法展现出来，给予一定的经验支持；给可能要"偏题"的幼儿一些启发提问，帮助他们建构逻辑经验。

（四）乡情游戏反思与推进

"奇妙·笔之创想"游戏的发展过程经历了多次的实践与调整。在游戏中，我们看见了幼儿越来越多关于笔的奇思妙想，看见了他们的创想、表达、思维能力的提升，更看见了他们在游戏过程中的合作、分享、解决问题等能力的发展。

1. 在游戏内容设置上，有递增的难度与挑战性

在"妙笔大变身"游戏区内，幼儿可以大胆发挥自己的想象力，尽情享受与各种材料的互动、创造与表达的机会。在"创意笔杆乐"游戏区内，幼儿需要根据已有的图案底板或提供的笔零件，进行平面或立体的创意表达，比前一项游戏略有难度。在"小小设计师"游戏区内，幼儿需要有一个前期的计划意识，对自己想要制作的笔有一个初步的设想与设计。这需要幼儿具有比较丰富的有关笔的经验，并且能够发挥具有创新意识的想象行为，还要把这些想法记录下来，具有一定的挑战性。

2. 在游戏环境创设上，幼儿自主探索"空环境"场域

教师利用长廊游戏区与教室区角活动，一边提供灵感素材给幼儿，一边给予幼儿充分的想象空间，丰富延展幼儿对不同材料及游戏环境的发展需要。在材料提供上，有废旧物品、美工制品等各种材料，教师还根据幼儿的游戏情况定期更新投放的材料，确保幼儿的游戏兴趣与效果。

3. 在游戏观察支持上，力创"三位一体"良性循环模式

教师轮流定点观察幼儿的游戏行为，适时介入游戏给予一定的支持，让幼儿有良好积极的游戏体验，得到学习与发展。教师及时与家长交流，得到家长对游戏活动的支持，如反馈有效的评价建议、配合提供游戏材料等，形成家园合作跟进的良性循环模式，从而推动幼儿在游戏中获得自我创造的成就感，产生家乡自豪感。

▲ 图 2-14　幼儿在制笔厂参观体验

二、巧妙·笔之畅玩

"巧妙·笔之畅玩"游戏主题更关注游戏与幼儿生活的连接，突出游戏的"巧"，主题下的"汾江制笔厂""汾江快递站""汾江笔超市"三个游戏区，相互联通形成一条"做笔—运笔—卖笔"的"生活产业链"，在充分调动幼儿已有的社会生活经验的基础上，让其在模拟社会生活实际的游戏情境中，深化对分水制笔工业的认识和了解，在交往互动中增强社会认知。

（一）环境创设与材料投放

环境创设

★汾江制笔厂：不同笔种的装配步骤图、各种笔的零件材料、创意笔（如按模式组装）的成品展示。

★汾江快递站：订单展板、包装流程图、配送员的帽子和背包。

★汾江笔超市：摆放成品笔的货架、笔的名称牌、单价标签、展示柜。

▲图2-15　汾江制笔厂游戏区　▲图2-16　汾江快递站游戏区　▲图2-17　汾江笔超市游戏区

材料投放

★自制材料：笔筒、成品笔、分类标签。

★废旧材料：旧木盒、纸盒、泡沫板、电话机。

★**辅助材料**：货架、玩具、地图、纸、小推车、透明胶、剪刀等。

★**工艺材料**：各种笔的零件、笔的组合创意造型。

▲ 图 2-18 笔的装配零件
游戏材料

▲ 图 2-19 做笔操作间
游戏材料

▲ 图 2-20 包装盒游戏材料

（二）乡情游戏组织与指导

汾江制笔厂

◉ **游戏前**

★**试一试**：大多数幼儿的家庭成员从事与笔相关的工作，请家长引导幼儿尝试组装简单的零件。

★**看一看**：组织幼儿参观制笔厂，现场感知制笔机器的运作方式，了解笔的生产流程。

★**认一认**：引导幼儿熟悉笔的制作流程，认识笔的零件，知道每种笔都有配套的零件，并丰富前书写的表征方法。

◉ **游戏中**

★鼓励和协助幼儿按照顾客的订单数来制笔，引导幼儿大胆尝试按笔的零件组装笔，对能力强的幼儿让其独立自主完成，对能力弱的幼儿及时予以指导并逐渐放手。

★关注幼儿在游戏中的行为，让他们分工合作，选择自己喜欢的工作，如套弹簧、组装笔和挑次品等，引导幼儿坚持完成自己的工作。

★引导幼儿检查自己已经做完的笔，检查无误后把笔装进盒子。

▲图 2-21 汾江制笔厂游戏

▲图 2-22 认真的"做笔工"

◎ 游戏后

★组织幼儿比赛做笔，看谁做得又快又好，推出"制笔之星"，并给予奖励。

★引导幼儿回忆游戏情景，说一说在做笔过程中碰到的问题，和幼儿一起探讨解决。比如按动笔帽未出笔芯的问题，引导幼儿尝试把笔拆开来查看，观察是哪一环节出了问题。

汾江快递站

◎ 游戏前

★我知道：丰富幼儿对网络购物的生活经验，让幼儿对快递员送货的工作有初步的认识。

★我会写：丰富幼儿的前书写表达经验，让幼儿熟悉订单的填写格式。

★我会选：引导幼儿自主选择喜欢的角色，如配送员、包装员等，穿上代表角色的服饰。

◎ 游戏中

★关注幼儿是否能根据顾客的订单要求，把相应数量的笔包装到盒子里，学习自主检查笔的数量。

★关注并引导扮演包装员的幼儿把不同的笔进行分类包装。

★关注幼儿在订单上的前书写表达符号，引导扮演配送员的幼儿看懂订单上的信息。

▲图 2-23　将笔分类装盒

★关注扮演配送员的幼儿的货物送达情况，引导其仔细核对订单上的信息后进行货物运送。

○ 游戏后

★引导幼儿说一说在游戏中遇到的问题，如配送时间长、配送错误等，共同探讨解决方法。

★组织幼儿评价订单的填写方式，讨论怎样书写才能让别人看得懂，进一步形成统一的填写格式。

★组织幼儿评价"包装之星"和"配送之星"，并说一说理由。

✈ 汾江笔超市

○ 游戏前

★逛一逛：日常生活中父母带幼儿一起逛超市，丰富幼儿超市购物的经验，让其了解超市有导购员、收银员等不同角色。

★选一选：引导幼儿选择自己喜欢的角色进行扮演，知道该角色在超市里的具体工作。

◉ 游戏中

★关注幼儿在游戏中的兴趣点和游戏情况，如幼儿喜欢买什么，为及时投放笔超市中可能会出现的辅助材料做准备。

★关注幼儿在笔超市游戏中和同伴的交往互动情况，如语言表达、买笔付钱等，观察幼儿的游戏规则意识。

★关注导购员、收银员和顾客等角色的扮演情况，引导幼儿明确角色的分工。

◉ 游戏后

★引导幼儿自觉地按要求将超市里的笔进行分类和摆放，并一起整理环境，养成自主收拾游戏材料的意识和习惯。

★对幼儿的游戏情况做出点评，组织幼儿共同讨论超市里应该遵守的规则，将讨论出来的规则画出来贴在超市墙面上，提醒顾客和工作人员遵守规则。

（三）乡情游戏观察与分析

观察区域：汾江笔超市

注　意

超市导购员琪琪开心地在笔超市里走来走去，并没有注意到货架上散落的笔和混装在一起的笔。老师对琪琪说："你看货架上的笔没有放到笔筒里，等下顾客来买笔还能找到吗？"琪琪想了想后，把旁边散落的笔整齐地摆放在笔筒里。

妍妍一手推着购物车，一手牵着冉冉来到了笔超市门口，希希和俊俊两名管理员看到小客人来了，热情地说："欢迎光临，给我看看你的健康码，还要测个体温哦。"亮码测温后，妍妍和冉冉走进超市东看看西瞧瞧，妍妍抬头看到口红笔，接着转头对导购员琪琪说："你好，能给我看一下摆在上面的口红笔吗？"

琪琪似乎没有听到妍妍的要求，仍旧站着不动。这时妍妍把她拉到了身边说："我们要看一下上面的口红笔。"琪琪这才踮起脚尖伸手去拿，可是没有拿到，只见她从旁边的装配间里拿了一把小椅子，踩在上面拿了几支口红笔递给了妍妍和冉冉。

这时，妍妍又问："有白色的纸吗？我想在纸上画一画，看看这支笔能不能画出来。"

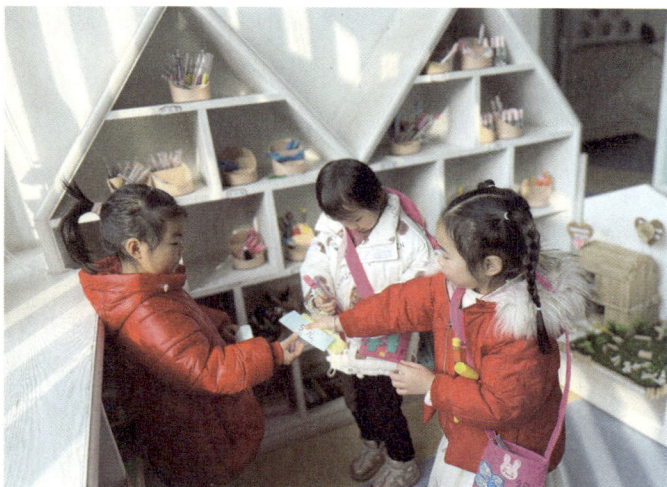

▲图2-24　汾江笔超市游戏

琪琪找了找，露出了不好意思的笑容，小声地说："好像没有纸，但我下次会准备好的。"妍妍看了看周围，蹲下身指着装笔的纸盒问："这里可以画吗？"琪琪摇了摇头。

　　冉冉瞄见了货架上的萝卜笔，对琪琪说："这个萝卜笔好好看，上面还有只可爱的小兔子。这支笔多少钱啊？"琪琪说："今天超市搞活动，所有的笔五元钱三支。"于是，冉冉边数边拿了三支笔，然后从包里拿出了一张"五元"钱交给了琪琪。妍妍也挑了三支不一样的笔，拿出五张"一元"的钱数了数交给了琪琪。

　　冉冉和妍妍把买过单的笔放在了小背包里，两个人推着小车走了。门口的两位管理员说："再见，欢迎下次再来。"

(识)(别)

▼琪琪选择扮演笔超市的工作人员，但对于角色的工作还不太清楚，需要教师的介入引导。在引导之后，琪琪逐渐进入超市工作人员这一角色，会整理货架上的物品，知晓笔超市的促销活动。

▼从琪琪没有主动上前与顾客交流、琪琪对顾客的要求摇摇头等行为中看出琪琪是个不善言辞的女孩，在游戏中与同伴的交流不多，社会性交往水平发展较低。但从一些

行为中可以看出其具备基本的交往能力，有一定的亲社会行为。随着游戏的进程，琪琪已经慢慢进入角色游戏。

▼两名小顾客熟练地选购口红笔、萝卜笔，可见她们对笔种类的认知经验比较丰富。她们付钱给超市工作人员琪琪时，能熟练地用纸币买笔，说明她们的数学概念发展较好。而琪琪在面对"顾客想看摆在货架最上面的口红笔，但拿不到"这一情况时，会借助工具来解决，显示出较强的解决问题的能力。

▼幼儿对于角色的生活经验比较丰富，如管理员"测温"，妍妍模仿妈妈在买笔时用笔在纸上画一画，冉冉询问笔的价格等。这说明幼儿对于游戏角色已经具有一定的生活经验，在自身进行游戏时会将这些已有经验折射在游戏行为中。

回 应

▼教师先以观察者的身份观察幼儿的游戏，发现琪琪在超市里毫无目的地走来走去，没有去整理散落在货架上的笔，这说明琪琪的生活经验并不丰富，不清楚导购员的具体工作。这时，教师根据游戏的需要，以"超市老板娘"的身份介入幼儿游戏。教师可以通过提问及语言的引导，帮助幼儿不断地拓展和提升游戏内容与经验。

▼在这次角色游戏笔超市中，幼儿展现了良好的同伴交往能力和遵守游戏规则的社会意识。冉冉和妍妍是两位能力较强的幼儿，会主动模仿生活中顾客买东西的行为，推进角色游戏的深入开展。

▼教师在创设游戏环境时忘记标注每种笔的价格，而且没有提前引导幼儿明晰非卖品、赠品、商品之间的区别。教师应考虑是否增加商品的标价或者增加装饰品及赠品的标识等。

▼教师在观察幼儿游戏时不需要过多地介入，以免打扰幼儿游戏，只需在幼儿有疑问但无法解决时有效介入。

（四）乡情游戏反思与推进

基于对制笔产业的初步认知，结合日常生活中已有的组装笔、快递运送、卖笔等实践或见闻经验，以生活产业链为舞台，幼儿畅玩其中。在儿童心理学家皮亚杰"玩中学，学中玩"教育理念的指引下，教师积极引导幼儿在学习和生活中将玩和学结合起来，通过玩来激发他们的求知欲，培养良好的学习品质，提高操作表达的能力，让幼儿在玩的过程中自由快乐地探索和成长。

1. 材料要具有操作性和开放性

笔超市的货品单一，无法满足幼儿的兴趣点；对于现成的材料，幼儿的创造性也不足。教师应该在游戏中提供一些半成品，便于幼儿自己动手操作，让他们随心组合和创造，从而获得成就感。将汾江笔超市和旁边的汾江制笔厂互通，推出自制笔和自制玩具活动，让幼儿在创造中获得乐趣。

2. 适时以角色助推游戏发展

当幼儿对于笔的组装及其组装顺序依然不清晰时，教师可以变成"做笔工"加入游戏，与幼儿共同探究组装的过程。针对做笔能力较强的幼儿，设置"笔的检查员"这一角色，检查幼儿做的笔是否合格，对不合格的笔进行维修。这样一步步增加游戏的难度，对幼儿来说更具有挑战性。

3. 丰富幼儿的前书写能力

每个幼儿对订单的表征不同，教师在引导幼儿运用自己的符号进行表达的同时，要统一配送单上的书写格式，例如配送单上要包含地址、姓名和货品数量。由于幼儿对符号的理解因人而异，因此教师更要丰富幼儿的前书写表达，鼓励幼儿相互沟通，达成统一的符号，帮助幼儿看懂配送订单和对应的货品，为游戏的顺利开展奠定基础。

此外，教师对游戏要有预设。如配送游戏初期，教师可以适时引导配送，也可以引导幼儿协助同伴共同去配送，到配送游戏中后期再支持幼儿独立大胆地跨楼层配送。

随着游戏的深入推进，幼儿的动手能力、前书写能力、交往能力得到了进一步的提升，而在制笔、运笔、卖笔的游戏过程中，幼儿对家乡的制笔特色产业也有了进一步的认知和理解。

三、美妙·笔之乡韵

分水镇有一个笔业中心，每年这里都会举办笔业博览会，汇聚了来自五湖四海的朋友。"美妙·笔之乡韵"主题设置了"小娃说家乡""小娃逛家乡""小娃建家乡"三个游戏区，让幼儿以小主人翁的身份角色，在说说看看、动动做做的过程中大胆地表现和创造，让幼儿更深刻地了解家乡的笔业特色，萌发幼儿对家乡的自豪感和归属感。

（一）环境创设与材料投放

环境创设

★**小娃说家乡**：专业制笔的流程墙，"我"发现的制笔流程（幼儿根据自己的经验可以通过画画增添），关于分水武盛老街、蜜蜂小镇、制笔厂的文化历史展板。

★**小娃逛家乡**：制笔的发展历史，笔的流通渠道的文化展板，幼儿参观古镇和制笔厂的游览展板，描绘分水武盛老街、古镇景象的中央圆柱体，各式各样的笔工艺品。

★**小娃建家乡**：用纸箱和纸板制作的分水江大桥和分水古建筑，介绍制笔厂和武盛老街等有分水特色的建筑图片和展板，制笔机器结构图，幼儿与家长用笔和纸盒制作的各种房屋建筑模型。

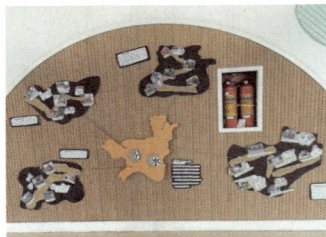

▲图 2-25 小娃说家乡游戏区　▲图 2-26 小娃逛家乡游戏区　▲图 2-27 小娃建家乡游戏区

材料投放

★**自然材料**：树枝、树叶、木头、小石头、泥土、沙子、贝壳等。

★**废旧材料**：纸盒、纸箱、泡沫板、牛奶杯、布、玻璃瓶、奶粉罐、纸筒、笔杆等。

★**美工材料**：马克笔、卡纸、固体胶、双面胶、透明胶、各种各样笔的零件、卡纸、剪刀、珍珠、闪片、流苏等。

★**自制材料**：导游牌、游客牌、衣服、头饰、小黄帽、安全头盔等。

★**辅助材料**：扩音器、话筒等。

▲图2-28 扩音器游戏材料 ▲图2-29 管理员服饰游戏材料 ▲图2-30 纸筒牛奶杯游戏材料

（二）乡情游戏组织与指导

小娃说家乡

○**游戏前**

★**忆一忆**：引导幼儿回忆家乡的美丽景观，回忆参观制笔厂和武盛老街的经历。

★**赛一赛**：竞聘导游，组织幼儿进行"我的家乡"演讲比赛，选出导游。

★**分一分**：自主角色分工，幼儿自主分配每次游戏中的角色，包括跟团游客和散客。

○**游戏中**

★鼓励导游根据游戏墙面上展示的内容，尝试用完整的语言向大家介绍家乡。

★关注导游与游客之间的互动交流，游客是否能认真倾听并向导游提出自己的疑问。

★关注幼儿的游戏行为，跟团游客是否能跟随导游有秩序地参观，散客是否能自主选择参观场所。

● 游戏后

★组织幼儿对游戏过程进行讨论，支持幼儿以图画的方式表达自己的想法，引导幼儿进行汇总，共同提出游戏建议。

★组织同伴评价，对当日的导游进行星级评价，定期对结果进行汇总，评出"金牌导游"。

★引导幼儿继续收集资料，定期增加关于家乡的知识内容。

▲ 图 2-31 小娃说家乡游戏

小娃逛家乡

● 游戏前

★查一查：让家长带幼儿参观制笔厂和博物馆，收集关于分水的历史故事和制笔的历史，丰富幼儿的文化经验。

★做一做：引导幼儿用笔制作建筑造型和工艺品，摆放在展品陈列区。

★竞一竞：组织幼儿进行博物馆管理员竞选。通过介绍分水老街历史、各种各样笔造型，维持场馆秩序等工作实践，选出博物馆管理员。

◉ 游戏中

★鼓励幼儿进行自主参观，遵守秩序，不随意触碰陈列的工艺品，爱护公共物品。

★引导博物馆管理员在讲解的过程中进行简单的制笔演示，用自己的理解向游客讲述关于制笔的流程或者笔的演变历史。

★根据游客的需求进行选择性讲述，如博物馆里的特色笔、参观制笔厂的行程、分水的制笔历史等。

▲图2-32　游客买票入场

▲图2-33　自主结伴看一看

◉ 游戏后

★组织幼儿讨论参观感受，画一画参观之旅，说一说自己的收获。

★鼓励幼儿根据自己所见的工艺品进行设计，尝试用笔制作特殊的工艺品。

★了解科技进步的特点，发挥想象，设计出自己心中认为最特别的笔或未来的笔，并向同伴进行介绍。

★对博物馆管理员进行评价打分并提出意见，选出下一次的博物馆管理员。

小娃建家乡

◉ 游戏前

★看一看：让家长带幼儿走进老街与制笔厂，参观、了解相关建筑的特点，以及大桥、老街和制笔机器等的一些结构。

★说一说：引导幼儿讨论大桥和一些古建筑的搭建方法，收集需要用到的纸筒、笔杆、牛奶杯、积木和奶粉罐等搭建材料。

★画一画：引导幼儿自主组建团队，共同制订搭建计划，并将计划呈现在图纸上。

★选一选：引导幼儿合作讨论，自主选择合适的场地，合理分配场地空间，制作游戏入场门票，选出管理员。

▲ 图 2-34　小娃建家乡游戏现场

● 游戏中

★根据分水的建筑特点，鼓励幼儿利用纸筒、牛奶杯、积木和笔杆等材料进行搭建，大胆创意建筑风格。

★关注幼儿合作分工的能力，鼓励每位幼儿参与游戏，教师适时进行任务分配。

★关注幼儿的游戏行为，是否能理解并遵守游戏规则。

● 游戏后

★适时保留幼儿作品，引导幼儿间相互欣赏评价，说一说自己搭建的方法。

★引导幼儿自己整理材料，进行材料分类，清理游戏场地。

★ 组织幼儿讨论，说一说自己在建构中遇到的问题和困难，引导幼儿间交流讨论，共同寻找解决问题的方法。

★ 教师进行总结评价，引导幼儿计划好下一次的搭建计划，收集好需要的材料。

（三）乡情游戏观察与分析

观察区域：小娃建家乡

注 意

孩子们刚参观过制笔厂。"我们搭一个制笔厂吧，我们应该先造一个制笔的机器……"甸甸对米粒说，"我姑姑家就是制笔厂，我见过那个机器。"

他们用长木条进行围合，并在中间整齐地铺上木板。米粒不停地拿来积木，甸甸则专心地将一块块木板整齐地排列起来，围成了一个没有顶的长方体，米粒小心翼翼地拿开一块木板露出一个缺口，并指着缺口对甸甸说："制笔机搭好了，笔要从这里掉出来的。"

米粒又拿了一个圆柱形积木在制笔机里滚动，使积木从底部的一端滚动到出口。"笔要出来了，放在哪里啊？"甸甸问道。"我看到笔杆厂的叔叔阿姨是把笔放在筐子里的，我们就放在这个杯子里吧。"米粒回答。

米粒拿着牛奶杯对着缺口，积木恰好掉进了牛奶杯。甸甸也找来许多相同的圆柱形积木放进了制笔机里，他们不停地更换牛奶杯接"笔"。慢慢地，制笔机的周围摆满了一杯杯的"笔"。

"我们的笔好多啊，做好了要送去哪儿呀？"甸甸看着笔问道。米粒想了想说："我们可以送到书店。"

于是，甸甸跑到另一边，对仔仔说："你们搭一个书店，我们做好的笔就可以拿过来卖了。"仔仔听了很兴奋，马上和旁边的两个小朋友开始搭建起来。仔仔说："我们这里现在是书店，要再搭一个架子用来卖笔。"他们将两个奶粉罐相隔一定距离摆放，然后在上面放置一块长积木，就这样一层一层地垒高，不一会儿就搭出了一个架子，制笔厂制作好的笔就运送到这里，一排排地摆放在架子上进行展示、贩卖。

识 别

▼在这个过程中，甸甸和米粒两人根据自己参观制笔厂和平时生活中积累的经验搭建制笔厂，制作笔。虽然他们了解一点制笔的简单程序，即知道笔是从传送带上滚落出来的（这是制笔的最后一步），但对于在这之前的制作程序不太了解。

▼在这个过程中，甸甸和米粒两人一直合作搭建，但明显看出米粒的已有经验更加丰富，能够提出自己的想法，在这个过程中处于主导地位，这也让甸甸非常信服，而且愿意听她的。书店搭建好了，仔仔发现书店里还少了展示柜，说明仔仔是个心细、行动力强、能够参与群体游戏、社会交往能力不错的孩子。

▼从"笔制作完成后放在哪里""笔的流向""书店中笔的陈列"等问题中可以看出，幼儿会主动进行思考，能够相互进行有效沟通，并且在同伴间有分工合作行为。幼儿有任务意识，能够围绕同一个目标进行游戏活动。

▼幼儿搭建的内容比较单一，制作的笔的造型也比较单一，这是游戏还比较欠缺的地方。此外，幼儿在搭建之前缺乏计划性，没有搭建的具体目标。

回 应

▼游戏前，教师要带领幼儿进行讨论与总结，巩固参观制笔厂的活动经验。部分幼儿家里从事制笔行业，经验比较丰富，教师可以以此进行补充。

▼每个幼儿擅长的领域不同，因此教师在幼儿的合作游戏中要充分了解幼儿的特点，有效引导幼儿进行组员搭配，使组内成员相互学习，取长补短。

▼教师应帮助幼儿一起根据妙笔小镇的主题制订搭建计划，根据计划让幼儿自主分工合作。当在搭建过程中遇到问题时，不要急于干预，而要试着让幼儿自己沟通解决。幼儿所搭建的制笔机只能手动滚动，与工厂里的自动化生产机器不同，由此可以引导幼儿思考，为什么只能手动滚动，可以做出怎样的调整。

▼幼儿对于笔流通的渠道认识单一，教师可以在平时生活中有意地让幼儿观察笔的流通渠道。幼儿生产出的笔都是单一的，但现实生活中的笔有各种各样的形状，要做出各类造型的笔需要提前对机器进行程序设定。这时教师可以参与幼儿的游戏并帮助幼儿把制笔机搭建得更加完善，引导幼儿进行合理分工但又围绕同一主题进行搭建。

▲ 图 2-35　蹲下来和孩子一起玩笔

（四）乡情游戏反思与推进

"美妙·笔之乡韵"主题游戏在基于本土制笔产业的同时又向家乡的人文风情延伸，说家乡、逛家乡、建家乡的游戏情境创设使得幼儿在整个游戏中有了充分感知乡情、自主体验乡韵、合作创造乡味的机会与平台。在游戏中，幼儿不仅了解了家乡的历史文化和建筑特点，还针对制笔行业进行了深入探究。幼儿根据实践观察和资料查询得知了有关笔的丰富知识，再把自己的所见、所闻、所想设计搭建出来，这不仅培养了幼儿的多种能力，还深化了幼儿对家乡的美好情感。

1. 层次丰富的游戏材料助推了幼儿的创造力

在"小娃说家乡""小娃逛家乡"中，我们将亲子制作好的工艺品和文化展板进行展览，但也做了留白，随着幼儿经验的逐渐丰富，进一步完善环境中的材料。在"小娃建家乡"中，我们提供了一些搭建好的建筑，还提供了积木、纸盒、牛奶杯和笔等材料，让幼儿结合多种材料进行搭建；还结合主题"妙笔小镇"，让幼儿运用笔杆进行精细化的操作。

2. 生活经验的丰富助推幼儿构建想象

游戏前，我们通过调查问卷、亲子活动、集体教学和社会实践活动等方式参观、调查了分水老街和制笔厂，让幼儿体验了制笔的流程和机器的操作步骤，熟悉了相关社会角色的语言与行为、交往规则等，丰富了幼儿对家乡的认知和生活经验。在"小娃说家乡"游戏中，幼儿能够根据自己的经验，向大家讲述分水历史。在"小娃建家乡"游戏中，幼儿能根据自己见到的建筑或是机器的特点进行自主创建。

3. 游戏内容的融合助推幼儿增加对家乡美好的认知

各个游戏区及各个班级之间没有分割，幼儿能在游戏中进行有效互通，把在各个游戏区之间获得的经验知识内容进行融合。通过游戏，幼儿能够得到较为丰富的经验，增加对家乡美好的认知。

在游戏中，教师鼓励幼儿根据游戏中出现的问题展开讨论，并进行有效的介入指导，推动游戏发展。在建造的过程中，教师引导幼儿按照自己的创想设计建构方案，并在建构中关注幼儿的游戏情况，适时增加辅助材料。每次游戏后，教师带领幼儿做好游戏总结，寻找下次游戏的出发点。

（作者：刘小米 刘丽群 何彬沁 解 鸿）

第三章

悠悠小镇游：『囡囡逛家乡』游戏

桐庐县富春江幼儿园教育集团坐落在美丽的富春江镇，这是一个风情旅游小镇，有着丰富的旅游资源、美丽的乡村建设、浓郁的工业特色和深厚的文化底蕴。

自然资源：风景秀丽的富春江贯穿全境，七里泷大坝在此横截流，七里严滩竹筏搏浪，沿江还有七里扬帆、葫芦瀑布、芦茨湾和白云源风景区等景点。

社会资源：富春江镇是省级"美丽乡村"和"慢生活体验区"，芦茨村、茆坪村、石舍村是民宿集结地，一到节假日，各个民宿便会爆满。

文化资源：历史文化深厚，旅游文化浓郁，"慢生活体验区"特色文化吸引八方来客，如东汉古迹严子陵钓台、茆坪村古村落等。

▲ 图 3-1　东汉古迹严子陵钓台

　　富春江幼儿园地处美丽的富春江畔，许多幼儿的家长经营着民宿，因而幼儿可以随时接触到来自四面八方的游客。富春山水就像一部真实而又丰富的百科全书一样，蕴藏着巨大的教育财富，它向幼儿展示了具体、形象、生动的学习内容，为幼儿获得对世界的感性认识提供了天然的场所。

预期目标

　　1. 乐于参与"囡囡逛家乡"的游戏体验活动。在"囡囡逛家乡"游戏中，进一步了解富春江镇的风土人情，知道富春江镇代表性的景、事、物。

　　2. 在游戏中愿意交往与合作，并能通过资料收集、实践操作、小组合作等方式探索新事物，解决问题，养成良好的学习习惯和初步的表现能力。

　　3. 喜欢分享自己在游戏体验中的发现，感受家乡的变化，逐步萌发爱家乡、护家乡的情感，从而形成对家乡的自豪感和使命感。

一、富春游玩乐

富春江镇有着丰富的旅游资源，幼儿经常在家长的陪同下外出游玩，许多幼儿更是家住在旅游区，他们或是参与景点表演，或是体验农家生活，这样的游玩让他们乐此不疲。"富春游玩乐"主题游戏设置了"富春大舞台""美丽风景区""囡囡农家乐"三个游戏区，将幼儿感兴趣的游玩点移植到游戏中，让幼儿在体验中进一步加深对家乡美景的了解与认识，萌发喜爱家乡之情。

（一）环境创设与材料投放

环境创设

★富春大舞台：乡村流动舞台背景板、走秀红地毯、舞台装扮区、乐器专区、工作人员体验区、观众席等。

★美丽风景区：游览车、导游队、观景台、游客中心、垂钓区等。

★囡囡农家乐：农家乐土灶烹饪区、半成品区、农家菜、休闲用餐区、员工换衣区等。

▲图3-2 富春大舞台游戏区　　▲图3-3 美丽风景区游戏区　　▲图3-4 囡囡农家乐游戏区

材料投放

▲ 图 3-5 富春大舞台游戏材料

★ **自然材料**：砖头、小石块、掉落的树枝树叶、自然生长的野蘑菇、地木耳、草坪、菜园的蔬菜瓜果等。

★ **废旧材料**：旧衣服、旧围巾、旧帽子、旧纸箱、旧报纸、塑料袋、废旧厨房用品、废旧瓶罐、废旧横幅等。

★ **美工材料**：各种不同颜色的颜料、一次性餐盘、碎布、彩纸、剪刀、固体胶、双面胶等。

★ **辅助材料**：自制串烧、景区宣传海报、景区门票、游客滑板车、旅行帽、导游手旗、安全巡逻人员服饰等。

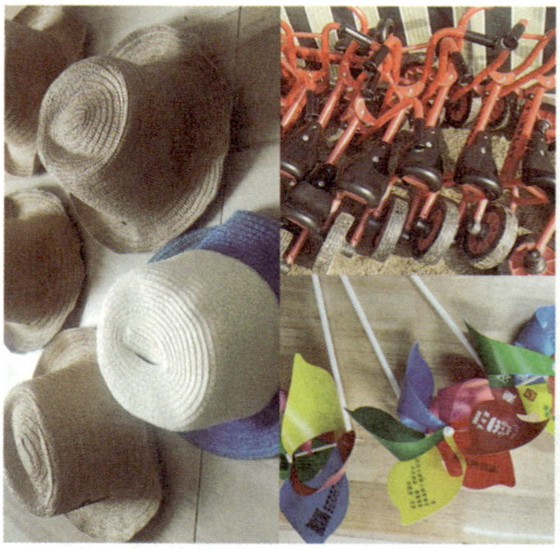

▲ 图 3-6 美丽风景区游戏材料

▲ 图 3-7 囝囝农家乐游戏材料

（二）乡情游戏组织与指导

富春大舞台

◉ 游戏前

★**经验准备**：幼儿看过乡镇文化馆组织的歌舞表演，知道歌舞表演中的一些角色，如主持人、演员、观众等。幼儿知道各种角色的具体行为：演员上台前需要化妆，需要提前准备好表演的节目；主持人需要在台前报幕，介绍表演的节目；观众观看表演需要购买门票，观看表演时不能大声喧哗；等等。

★**游戏准备**：做好主持人、收银员、化妆师、演员等工作人员的招募活动；制作节目单（幼儿用表征的形式制作节目单）。

◉ 游戏中

★关注演员的角色扮演行为，如与化妆师的互动、自主选择服装的情况，以及与主持人、观众之间的互动。

★关注主持人的角色扮演行为，如主持人根据演员到场先后顺序进行报幕，并做好演员上场表演的协调工作。

▲ 图3-8　富春大舞台游戏

★引导游客自主到收银员处购买门票，对号入座。

★关注观众在观看节目的礼仪教育，如为演员的表演鼓掌、观看表演时不大声说话等。

◉ 游戏后

★引导幼儿自主整理游戏材料，并进行分类摆放。

★通过幼儿互评、师幼互评的方式评选出"最美节目"，引导幼儿回忆游戏情境，并从表演者、主持人报幕、服装和表演辅助材料等方面进行评价。

★根据幼儿评价情况，对环境、游戏材料和生成内容等给予适宜的调整和支持。

美丽风景区

◉ 游戏前

★经验准备：有到富春江镇景点游玩的经历；知道白云源、严子陵景区是家乡有名的景点；谈谈自己在这些旅游景点游玩时的所见所闻和一些有趣的事情。

★游戏准备：做好导游、司机等工作人员的招募活动，明确工作职责；布置白云源、严子陵景区的场景，营造游戏氛围；准备好滑板车、用横幅或纸箱制作的公交车；在景点处设置一些游戏体验项目。

▲ 图3-9 美丽风景区游戏

◉ 游戏中

★关注幼儿的旅行方式，如报团游览或自由结伴游览，报团游览的游客乘坐公交车前往景点，自由结伴的游客使用滑板车前往景点。

★关注幼儿旅行时的规则意识，如在游览过程中注意团队意识，不能掉队，有序排队，爱护景区环境，争做文明游客。

★关注幼儿在景区内游玩内容的倾向性，对游戏内容与材料使用情况进行重点观察，并根据具体情况适时调整与支持。

★关注工作人员的工作情况，如工作职责、社会交往、问题解决、坚持性等情况，适时介入引导。

◉ 游戏后

★引导幼儿协助工作人员整理游戏区的材料，能按整理框中的标识有序整理。

★组织幼儿进行"文明游客""文明导游"等的评选活动，引导幼儿回忆在游戏过程中的文明或不文明的行为。

★通过视频、图片等媒介，丰富幼儿的角色语言和角色行为。

囡囡农家乐

◉ 游戏前

★经验准备：幼儿有去菜园采摘蔬果的经历，有观察他人制作美食的经历；谈谈自己喜欢吃的美食，以及这些美食的制作过程。

★游戏准备：做好服务员的招募活动，明确工作职责。

◉ 游戏中

★关注游客采摘体验活动的行为，在采摘过程中做到不随意踩踏、不随意采摘等。

★关注游客自由结伴制作美食的情况，支持以物代物的游戏行为。

★关注幼儿在农家乐游戏中的角色分配和角色行为意识，引导幼儿与农家小朋友友好交往，体验做客，享受参与其中的快乐。

★引导幼儿在游戏过程中对刀具、碗筷等材料的安全使用。

▲图3-10　囡囡农家乐游戏

● 游戏后

★ 引导幼儿在清洗锅碗瓢盆时轻拿轻放，如遇破损及时告知老师。

★ 组织幼儿讲述"农家乐里的有趣故事"，引导幼儿回忆游戏中有趣的事，聚焦角色语言、角色行为、学习品质等方面。

★ 根据评价内容的需要，调整游戏环境、游戏材料，支持游戏进一步发展。

（三）乡情游戏观察与分析

观察区域：囡囡农家乐

注 意

旅游大巴准备开车了，驾驶员嘟嘟开始清点人员，看看人有没有坐满："一、二、三……好像多出了一个人。"

于是，他走到车的最后，对着男孩晨晨说："请你下车，车子已经超载了。"晨晨说："为什么要我下车呀，我是第一个上车的呢。"嘟嘟听了说道："哦，那你在车上吧。"

于是，他开始一个个询问："你是最后一个上车的吗？"车上的旅客没有一个说自己是最后一个上车的。嘟嘟站在旁边大喊："谁是最后一个上车的？请你下车，否则车子就开不了了。"其中一个女孩说："我们挤挤就好了呀。""不行的，超载不行的，警察要罚款的，而且会翻车很危险的。"嘟嘟又一次扯着嗓子说。

▲ 图 3-11　坐上大巴去旅游

这时，嘟嘟找到了老师："老师，老师，我们这个车上多了一个人，我问他们谁最后一个上车的，想让他下车，可是他们都说自己不是最后一个。"老师走了过去，于是孩子们争论了起来："我看到是××最后一个上车的。""你乱说。""我不是最后一个。"

看见此情况，老师说："既然不清楚谁最后一个上车的，那就想想其他的方法吧。"有的孩子说："石头剪刀布吧。"有的孩子说："比身高吧。"最后，孩子们用抽签的方式选出了下车的人。

识 别

▼在游戏中，当规则受到挑战时，驾驶员嘟嘟用行动维护了游戏规则。首先是听取游客建议，当游客的建议与规则相冲突时，嘟嘟用自己的方式说服游客。从而，幼儿认识到遵守游戏规则对于参与游戏的重要性。

▼丰富的生活经验是游戏开展的前提。嘟嘟认为：坐在最后一个的就是最后上车的

人，他的判定来源于他的生活经验或是他的排队经验。在本次与游客进行交流的过程中，嘟嘟建立了新的认知：坐在最后的不一定是最后上车的人。

回 应

▼继续丰富幼儿的生活经验，推动幼儿游戏的持续开展。游戏开展离不开幼儿生活经验的支持，教师引导幼儿回忆生活中遇到的坐车、超载情境，让幼儿提出解决策略，如创设购票情境、增设交警角色，等等。

▼通过分享和交流环节，提升幼儿解决问题的能力。在游戏结束后的分享和交流环节，教师请幼儿说一说自己在游戏中遇到了什么问题，在相互讨论中帮助幼儿解决问题。

▼继续提供丰富的低结构材料，满足幼儿自主游戏的需要。低结构材料能使幼儿在游戏中更具想象力和创造力。因此，在游戏中引导幼儿到"材料宝贝仓库"中寻找自己所需的材料进行游戏，可以让游戏内容和游戏行为更加丰富。

（四）乡情游戏反思与推进

"富春游玩乐"主题游戏从幼儿的生活经验、兴趣及其社会适应和交往能力发展的需求出发，从形式到内容都在不断地推进和调整，尤其在"如何逛"方面，随着游戏的持续深入，从"跟团游家乡"逐渐转向"'跟团＋自由'游家乡"，既是富春江旅游现实状况的生动写照，又实现了"园团逛家乡"四大主题游戏的有机互通。

1.跟团游：游戏材料和内容日渐丰富

在"跟团游家乡"的游戏初期，我们以"跟团游家乡"的组织方式在环境中创设各种旅行团的旅行线路，让幼儿在环境中潜移默化地感受旅行的"味道"。通过展示旅游景点照片，激发幼儿旅行的兴趣。游戏开始前，工作人员到游戏区穿上工作服就位，导游则分别到各个旅行团就位，等待游客们的到来。游客们坐上车，在导游的带领下开始了愉快的旅行。从游览车到观光车，再到租赁滑板车，从车的逐渐增多，到加油站、汽修店的生成，游戏材料和内容在日渐丰富。

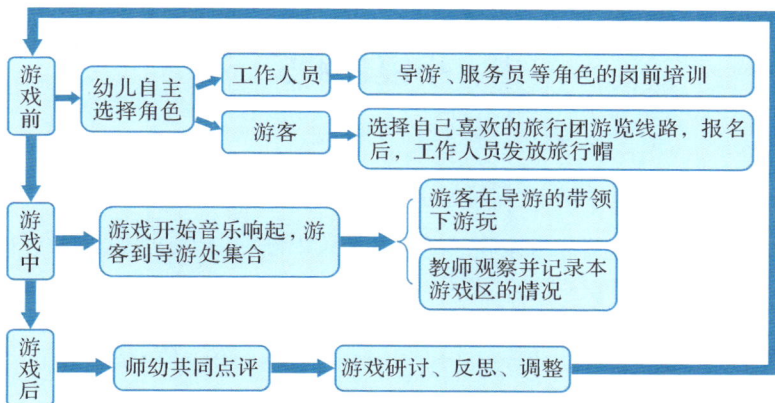

▲图 3-12　"跟团游家乡"主题模式操作路径

2. 自由游：支持幼儿自主决策游戏

在"自由游家乡"游戏中，随着游戏的不断推进，有的孩子不愿意跟着导游去游玩，他们觉得爸爸妈妈都是开着车自驾去游玩的，自己也应自由选择游玩地点。于是，"跟团游家乡"这种固定游览线路的模式逐渐转向了"自由游家乡"这一模式。游戏前，教师让幼儿制订游戏计划，小班幼儿以说为主，中大班幼儿以表征为主，让幼儿主动表达意愿，选择游戏的内容、游戏的材料、游戏的伙伴等。在游戏中，幼儿或是单独出行，或是结伴出行，或是家庭出行。由于自由行的幼儿越来越多，游览过程中的"状况"也多起来了，如物品遗失、在楼道里奔跑、找不到同伴等，因此又有了警察、巡逻员等角色。

在游戏中，教师应该让幼儿做游戏的主人，让幼儿在游戏中具有完全的选择权、话语权，使游戏真正顺应幼儿发展的需要。

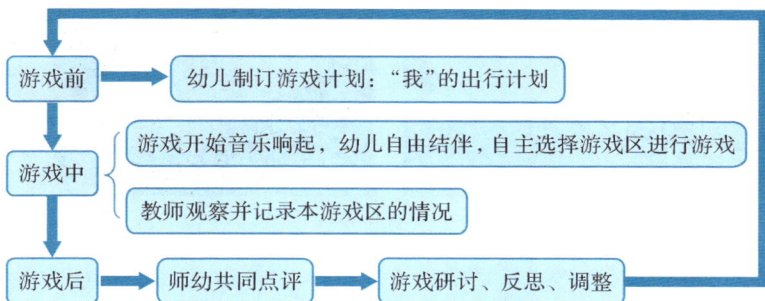

▲图 3-13　"自由游家乡"主题模式操作路径

二、小镇艺术乐

富春江镇的茆坪村是中国美术学院的写生基地，浓浓的艺术氛围影响着周边的一些村落，扎染、陶泥、木艺等艺术体验活动在农家乐中慢慢衍生，这些艺术活动也吸引了幼儿的目光。"小镇艺术乐"主题基于幼儿园的艺术特色，设置了扎染馆、青韵馆、陶泥馆和沥糊馆等游戏区，让幼儿在自主玩一玩、试一试、展一展的过程中，充分体验艺术创造的乐趣。

（一）环境创设与材料投放

环境创设

★囡囡扎染馆：扎染布料、围巾、衣服、作品陈列台、扎染操作区、材料区等。

★囡囡青韵馆：青花瓷背景、瓷器摆设、操作台面、展示区、半成品区等。

★囡囡陶泥馆：材料区、展示区、操作台面、制作步骤图解、作品集、成果展等。

★囡囡沥糊馆：材料区、沥糊画作、操作示意图。

▲图3-14 囡囡扎染馆游戏区

▲图3-15 囡囡陶泥馆游戏区

▲ 图 3-16 囝囝青韵馆游戏区

▲ 图 3-17 囝囝沥糊馆游戏区

材料投放

★ **自然材料**：树枝、小石头、毛根、花枝等。

★ **废旧材料**：老酒坛、旧木盒、空酒瓶、白瓷瓶、白瓷碗、废旧的白衣物、手帕、

▲ 图 3-18 扎染馆游戏材料

▲ 图 3-19 陶泥馆游戏材料

帆布包、瓶盖、木块、报纸等。

★**美工材料**：各色颜料、毛笔、记号笔、剪刀、彩纸、沥粉、糨糊、大小不同的夹子、镊子、滴管、固体胶、双面胶等。

★**辅助材料**：KT板、牛皮筋、玻璃珠、木珠、纽扣、裱花袋、搅拌机等。

▲ 图3-20 青韵馆游戏材料

▲ 图3-21 沥糊馆游戏材料

（二）乡情游戏组织与指导

囡囡扎染馆

◉ **游戏前**

★**经验准备**：知道扎染工艺是用纱、线、绳等工具对织物进行扎、缝、缚、缀、夹等后再进行染色；了解扎染的简单工序，认识扎染所需工具；欣赏一些扎染的作品，感受扎染作品晕色丰富、变化自然、趣味无穷的美；初步感知扎染的技能，增加对扎染的兴趣。

★游戏准备：做好扎染馆两名馆长的招募活动，明确工作职责。

▲图 3-22　囝囝扎染馆游戏

◉游戏中

★关注扮演馆长的幼儿在扎染馆的工作情况，如门票的收取、座位的安排和作品的展示等工作。

★关注幼儿扎染技能、材料选择等方面的情况，如引导幼儿自主选择相应的材料、进行扎染活动，扎染时注意工具的正确使用、颜料的使用等。

★引导扮演馆长的幼儿做好作品展示和评价工作，并根据成品的完成情况发放"工资"。

★在游戏中对于个别需要帮助的幼儿给予技能、情感方面的指导。

◉游戏后

★引导幼儿自主整理活动材料，并清洗扎染工具。

★组织幼儿进行"我眼中最美的……"评价活动，引导幼儿欣赏制作好的作品，说一说自己眼中最美的扎染是哪一个，为什么。在同伴互评、师幼互评的过程中丰富各种扎染的表现形式，并在环境中做图示布置。

★在作品中分析幼儿对技能的学习情况，投放相关技能的图示给予支持。

囡囡青韵馆

◉ 游戏前

★ **经验准备**：通过视频或图片等媒介欣赏相关作品，让幼儿感受青花瓷的美。抓住幼儿的兴趣点，鼓励幼儿大胆说一说青花瓷的外形、花纹等特点。与幼儿讨论画青花作品需要哪些材料，与幼儿一起收集并投放到相应区域中。

★ **游戏准备**：做好扎染馆两名馆长的招募活动，明确工作职责。

▲ 图 3-23　囡囡青韵馆游戏

◉ 游戏中

★ 关注扮演馆长的幼儿在青韵馆的工作情况，如门票的收取、座位的安排和作品的展示等工作。

★ 关注幼儿在游戏中的自主创作情况，如考虑个体差异，能力弱的幼儿可以借助设计图卡，能力强的幼儿可以自主设计。

★ 引导扮演馆长的幼儿做好作品展示和评价工作，并根据成品的完成情况发放"工资"。

★ 在游戏中对于个别需要帮助的幼儿给予技能、情感方面的支持。

◎游戏后

★引导幼儿自主整理材料，并将完成的成品进行有序陈列。

★组织幼儿进行"最美花纹属于你"评价活动，引导幼儿欣赏青花作品，说一说自己眼中最美的花纹是哪一个，为什么。

★将最美花纹张贴在设计图卡上，供幼儿欣赏和选择，同时为幼儿后期自主创作提供支持。

囡囡陶泥馆

◎游戏前

★经验准备：通过视频或图片等媒介了解陶泥从泥到陶泥作品的制作过程；在欣赏图片和实物的过程中，感受陶泥作品的造型美；认识制作陶泥的一些常用工具，知道工具的使用方法。

★游戏准备：做好陶泥馆两名馆长的招募活动，明确工作职责；提前准备好陶泥制作的材料。

◎游戏中

★关注幼儿在这个游戏过程中的角色意识和坚持性。

★关注幼儿在陶泥制作过程中的技能情况，鼓励运用搓、揉、压等方式大胆地制作陶泥，并在师幼互动环节给予正确的引导。

▲图3-24　囡囡陶泥馆游戏

★关注幼儿之间的互动情况，引导"大带小"合作进行陶泥制作。

★在游戏中对于个别需要帮助的幼儿给予技能、情感方面的支持。

◉ 游戏后

★引导幼儿自主分类、整理摆放游戏器械、材料，并将游戏中多余的陶泥密封保存。

★组织幼儿进行"特别的陶泥"评价活动，引导幼儿欣赏陶泥作品，说一说自己眼中最特别的陶泥是哪一个，为什么。聚焦陶泥的造型，提高创作技能。

★根据作品的完成情况，通过图示、解说等多样化的途径，助推幼儿陶泥创作技能的进一步提升。

囡囡沥糊馆

◉ 游戏前

★经验准备：通过视频或图片等媒介了解沥糊画，认识制作沥糊画所要用到的特殊工具，知道工具的使用方法；欣赏沥糊画这种以凸出的线条为作画媒介的作品特点，通过作品欣赏激发幼儿创作的兴趣。

★游戏准备：做好沥糊馆两名馆长的招募活动，明确工作职责；事先调试好稀稠适宜的沥糊材料，并与幼儿一起收集相关的辅助作画材料。

▲ 图 3-25 囡囡沥糊馆游戏

◉ 游戏中

★ 关注幼儿在这个游戏过程中的角色意识和坚持性。

★ 关注幼儿在沥糊画制作过程中的情况，如沥糊的疏与密、简与繁、颜色搭配等，鼓励幼儿大胆地在不同材质的背景上进行作画。

★ 关注幼儿在创作过程中对沥糊背景材料的选择情况，根据具体情况及时调整相关材料，以便更好地支持幼儿的创作。

★ 关注幼儿在创作中的坚持性，在游戏中引导不同能力水平的幼儿选择不同大小的操作材料，对于个别需要帮助的幼儿给予技能、情感方面的支持。

◉ 游戏后

★ 引导幼儿自主整理材料，并对完成的沥糊作品进行呈现。

★ 组织幼儿进行"最美的沥糊画"评价活动，引导幼儿欣赏沥糊作品，说一说自己眼中最美的沥糊画是哪一个，为什么。主要聚焦沥糊的色彩、图案、沥糊凸出的线条等，从而帮助幼儿梳理游戏经验，提升创作思路。

★ 根据作品的完成情况确定下一期的游戏主题，并通过图示、照片等给予幼儿技能上的支持。

（三）乡情游戏观察与分析

观察区域：囡囡沥糊馆

注 意

互通游戏开始了，孩子们正在选择自己喜欢的区域。女孩打开自己的游戏本，数了一下自己的存款——印章，只剩下两个了，她嘴巴里喃喃地说："逛不了超市了，去赚钱吧。"

女孩来到超市，询问："老板，这里可以赚钱吗？"老板摇摇头说："不可以。"女孩来到大舞台，又被拒绝。于是，她来到沥糊馆问："这里还有空位吗？我可以到这里来体验赚钱吗？"馆长说："我看看还有没有倒背衣。"说着就去找了。"刚好还有最后一件，给你吧！你可以自己选择材料，画好后拿给我看，合格了你可以赚两元钱。"

085

▲ 图 3-26 女孩在认真地创作

馆长交代着。女孩连忙说："好的好的，谢谢啦！"

女孩去材料区拿来了一个蛋糕盘，先用铅笔画好底板，然后选择不同颜色的裱花袋开始创作。只见她用紫色的裱花袋在蛋糕盘的外围沥出波浪形的花纹，再用红色的裱花袋在花纹旁边装饰……十五分钟过去了，女孩拿起作品看了看，又重新拿起黄色的裱花袋，画了一个头像，笑着说："这个是我！"

接着，她用嘴巴吹了吹作品，然后又用手扇了扇，坐着等了几分钟。

随后，她把作品拿给馆长，说道："馆长，我完成了，你看一看吧！"馆长接过来一看："很干净，你画得真好，给你两元吧！"说完就在女孩的游戏本上按了两个印章。女孩看着本子上的印章非常开心地往超市去了。

识别

▼游戏是培养幼儿坚持性品质的最好途径。在案例中，我们可以看到女孩在游戏目的"赚钱"的推动下，在遭受两次拒绝后，仍旧没有放弃"赚钱"的想法。在确定可以赚钱的地方"囡囡沥糊馆"之后，她坚持二十多分钟，完成自己的作品。在作品的完成过程中，我们可以看到女孩非常专注。

▼学会询问、协商是幼儿社会性发展的重要方面。从几次询问及作品完成时的交流中，我们可以看到女孩能够清晰地表述自己的想法，而且表述非常完整，说明该女孩的语言表达能力较好。

回应

▼从女孩遭受两次拒绝中可以发现，游戏内容还需要进一步改善。应多创设一些可

以让幼儿体验"赚钱"的平台，满足幼儿游戏的需要，同时也能保证游戏的联动。

　　▼关注幼儿在游戏过程中的个体差异，给予更有针对性的指导。如混龄游戏面对的是不同年龄段的幼儿，应基于沥糊技能的要求，尝试设置不同难度的体验内容，供幼儿自主选择。

　　▼教师可以在游戏的场域内专门设置一个展台，展示每一次沥糊活动时幼儿创作的作品。这个展台一方面可以保留幼儿的作品，增强幼儿的成就感；另一方面也可以给创作能力较差的幼儿提供一个模仿的平台。

（四）乡情游戏反思与推进

　　"小镇艺术乐"主题游戏指向小镇本土资源的利用、家乡常见艺术表现形式的运用，以及美丽的富春山水景致的表现表达，是感受家乡美、表现家乡美的艺术体验类游戏。遵循《指南》中"幼儿艺术领域学习的关键在于充分创造条件和机会""萌发幼儿对美的感受和体验，丰富其想象力和创造力"的要求和建议，我们针对艺术体验区游戏中的问题、幼儿的需要，不断对其空间和材料进行了调试。

1. 充分利用墙面立体空间

　　艺术体验游戏主要场地设在细长的走廊中，场地小，材料多。于是，我们充分利用墙面的立体空间，改造墙面操作桌，利用墙面固定木板一侧，设计折叠的桌脚，整个桌面可以根据游戏需要收放折叠，以增加廊道走动空间。同时，在折叠操作桌的墙面上设置置物架，将原来摆放在桌子上的常用材料，根据材料特点，有序摆放或悬挂到置物架上，以节省折叠桌面的空间。

2. 创设"材料宝贝仓库"

　　在游戏的不断行进过程中，艺术体验区的材料也在不断增加，小场地已无法容纳一些低结构材料。因此，我们设置"材料宝贝仓库"以支持和满足幼儿的需求。"材料宝贝仓库"设置在一楼大厅，幼儿可以根据游戏需求随时到"材料宝贝仓库"中寻找适合的材料。

3. 根据材料特性摆放

　　不同的材料，需要根据其特性进行合理的摆放，这样才能更好地支持幼儿游戏，例如：纸的摆放，按大小分开摆放，平铺在画纸架上面，让幼儿抽屉式地拿取；扎染布的摆放，将其卷在管子上再悬挂在墙上即可；一些比较重的陶泥材料或者颜料桶等可以放在移动柜子里。

在艺术体验游戏中，幼儿通过支配和使用各种各样的艺术材料来开展活动，随心所欲地绘画与制作，表达自己的想象与创作。因此，活动空间和材料是幼儿顺利开展艺术体验游戏的前提与基础。

三、小镇美食乐

富春江镇以慢生活体验区闻名，乡村中的农家乐、民宿不计其数，游客纷纷来此体验实地采摘的乐趣，品尝农家的美食，这一幕幕也让幼儿兴趣浓厚。"小镇美食乐"主题游戏设置了蛋糕坊、烧烤吧、面馆和小吃店等贴近幼儿生活的美食体验区，让幼儿在角色扮演、制作体验和买卖游戏中，把生活中想做的事情在特定的情景中进行实践或者再现，从而进一步了解家乡独特的美食文化。

（一）环境创设与材料投放

环境创设

★囡囡蛋糕坊：蛋糕坊背景、蛋糕运作坊、蛋糕展示区、材料存放区。

★芦茨佬烧烤吧：烧烤环境、烧烤制作区、烧烤调味区、等待区、收银台。

★五彩面馆：半成品区、制作区、制作图示、烹饪区、收银台。

★横山小吃：横山风景环境、半成品区、制作区、制作图示、招待区、等待区。

▲ 图 3-27　囡囡蛋糕坊游戏区

▲ 图 3-28　芦茨佬烧烤吧游戏区

▲ 图 3-29　五彩面馆游戏区

▲ 图 3-30　横山小吃游戏区

材料投放

★自然材料：树叶、树枝、花瓣、小石头、各类蔬菜等。

★废旧材料：报纸、贝壳、螺丝、泡沫、大小不一的盒子、各种纸的边角料、矿泉水瓶、易拉罐、蛋糕托盘、刀叉、筷子、蒸笼屉等。

★美工材料：画笔、各色颜料、泡沫纸、彩纸、油光纸、剪刀、固体胶、各色超轻黏土等。

★辅助材料：竹签、牛皮筋、面粉、擀面杖、裱花袋、蛋糕模具、角色服装等。

▲ 图 3-31　囧囧蛋糕坊游戏材料

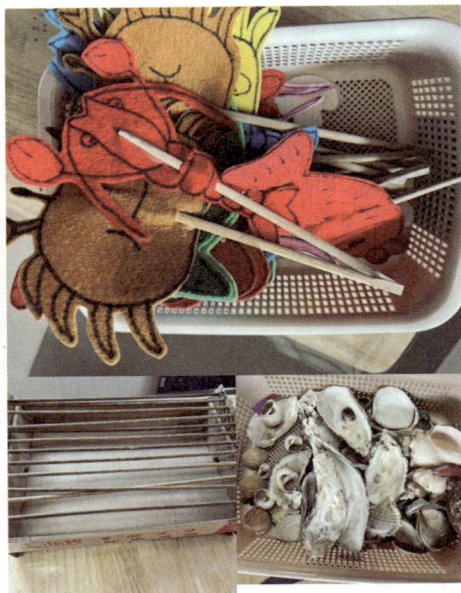

▲ 图 3-32　芦茨佬烧烤吧游戏材料

▲ 图 3-33　五彩面馆游戏材料

▲ 图 3-34　横山小吃游戏材料

（二）乡情游戏组织与指导

囡囡蛋糕坊

○ 游戏前

★ 经验准备：有去蛋糕坊购买蛋糕的经历，感知蛋糕坊中琳琅满目的美味蛋糕和精美的蛋糕造型；通过视频或图片等媒介了解蛋糕的制作过程，认识制作蛋糕所需要用到的特殊工具，知道工具的使用方法；观看蛋糕坊服务员的工作视频，了解其工作职责。

★ 游戏准备：做好蛋糕坊店长、服务员的招募活动，明确工作职责。

▲ 图 3-35　囡囡蛋糕坊游戏

○ 游戏中

★ 关注幼儿在这个游戏过程中的角色意识和坚持性。

★ 关注幼儿间的买卖对话，鼓励幼儿大胆交流，并能清楚表达自己的意愿。

★ 鼓励幼儿积极参与蛋糕坊的体验活动，感受劳动的快乐。

★ 引导幼儿在游戏过程中对刀叉、碗筷等工具的安全使用。

○ 游戏后

★ 引导幼儿自主分类、整理游戏材料，对桌面多余的超轻黏土进行密封保存。

★利用影像或游戏故事的形式，通过自评、互评等方式，说一说游戏中发生的趣事，重点关注角色行为和言语，从而提供一些支持性策略，提升幼儿游戏的水平。

芦茨佬烧烤吧

◎游戏前

★经验准备：有去烧烤店品尝美食的经历，感受烧烤店食物烤制的特殊烹饪方法；通过视频或图片等媒介了解烧烤美食制作的过程；认识烧烤店常用的工具，知道工具的使用方法；观看烧烤店服务员的工作视频，了解其工作职责。

★游戏准备：做好烧烤吧厨师、服务员、收银员的招募活动，明确工作职责。

▲图3-36 芦茨佬烧烤吧游戏

◎游戏中

★关注幼儿间的互动情况，引导服务员做好点餐的记录（前书写）、顾客明确表达所需的食物。鼓励幼儿大胆交流，并能清楚表达自己的意愿。

★关注幼儿在使用竹签时的安全问题，引导幼儿学会正确取放竹签，提醒幼儿不随意玩弄竹签。

★关注幼儿在游戏中的角色意识、角色行为和角色语言，引导幼儿学会坚持、合作、交流。

★关注扮演收银员的幼儿在游戏中的"货币"收取情况。

◎ 游戏后

★引导幼儿自主分类、整理游戏材料，特别注意竹签的摆放。

★通过观看视频或图片、游戏故事等，组织幼儿进行"最美工作人员"评比活动。

★针对游戏中的语言、行为、学习品质等发展情况提供相应的支持，丰富幼儿在角色游戏中的游戏经验。

五彩面馆

◎ 游戏前

★经验准备：有去面馆吃面条的经历；了解不同颜色、不同形状的面条，知道不同颜色代表面条由不同材料制作而成，知道面条不只是细细长长的，还有圆形、蝴蝶形等形状，激发幼儿对面条美食的喜爱；通过视频或图片等媒介了解面条美食制作的过程；认识面条制作的常用工具，知道工具的使用方法；观看面馆工作人员的工作视频，了解其工作职责。

★游戏准备：做好面馆厨师、面点师、服务员、收银员的招募活动，明确工作职责。

▲ 图 3-37 五彩面馆游戏

◎ 游戏中

★关注幼儿间的互动情况，引导服务员礼貌地接待顾客、服务员做好点餐的记录（前书写）、顾客明确表达所需的食物。鼓励幼儿大胆交流，并能清楚地表达自己的意愿。

★鼓励幼儿积极参与五彩面馆游戏区的活动。

★关注幼儿在游戏中的角色意识、角色行为和角色语言，引导幼儿学会坚持、合作、交流。

★关注扮演收银员的幼儿在游戏中的"货币"收取情况。

◎ 游戏后

★引导幼儿自主整理游戏材料，清洗工具并分类摆放。

★结合音像内容、游戏故事等，通过自评、互评等途径，说一说游戏中发生的趣事，如角色扮演、礼貌用语和材料使用等，丰富幼儿角色游戏的经验，提高幼儿以物代物的能力。

★根据幼儿的游戏需求，对游戏材料、游戏内容等进行进一步的调整和补充。

横山小吃

◎ 游戏前

★经验准备：知道富春江镇有特色的小吃店，有去特色小吃店吃小吃的经历；认识特色小吃，能说出小吃的名字；通过视频或图片等媒介了解当地美食制作的过程；认识美食制作的常用工具，知道工具的使用方法等。

★游戏准备：做好厨师、面点师、服务员、收银员的招募活动，明确工作职责。

◎ 游戏中

★关注幼儿间的互动情况，引导服务员礼貌地接待顾客、服务员做好点餐的记录（前书写）、顾客明确表达所需的食物。鼓励幼儿大胆交流，并能清楚地表达自己的意愿。

★鼓励幼儿积极参与横山小吃游戏区的体验活动，根据动手能力的差异给予幼儿不同的支持。

★关注幼儿在游戏中的角色意识、角色行为和角色语言，引导幼儿学会坚持、合作、交流。

★关注扮演收银员的幼儿在游戏中的"货币"收取情况。

▲图3-38 横山小吃游戏

○游戏后

★引导幼儿自主整理操作材料，特别是对面粉类材料进行有针对性的处理。

★通过游戏故事、影像等，组织幼儿回忆游戏中发生的趣事，从角色语言、角色行为、学习品质等方面进行同伴互评、师幼互评，从而提升幼儿的游戏水平。

★根据幼儿的游戏需求，对游戏材料、游戏内容等进行进一步的调整和补充。

（三）乡情游戏观察与分析

观察区域：烧烤吧

注 意

"谁来买烧烤！谁来买烧烤！"女孩在一个劲儿地叫喊。男孩听到叫唤声走了过来，说："我要烤肉。"女孩摇摇头说："烤肉卖完了。"接着又跟男孩说："烤鱼尾要不要吃？很美味的。"男孩问："你怎么知道很美味的呀？"女孩一边烤着鱼尾一边说："我妈妈经常带我去吃鱼尾巴，就在我家楼下的烧烤店里。"

▲ 图3-39　男孩正在买烧烤

男孩走到招牌面前，对着价格表看了一下，说："可是鱼尾巴要五元，我口袋里只有三元，钱不够怎么办呀？""你没有现金就用支付宝呀！"女孩随口答道。男孩微微转头，皱着眉头说："啊？支付宝是什么？"女孩回答："你连支付宝都不知道，就是用手机扫一扫呀。"

这时，在后面排队的蓝衣男孩凑过去说："我有支付宝，我请你吃吧。"蓝衣男孩从口袋里假装拿出"手机"，正准备扫码，却发现没有"二维码"："哎，你的'二维码'呢？"女孩赶紧回答道："哦，等会儿哦，我画一个。"

于是，女孩到收银处拿起记号笔，画了一个方形："好了，你扫吧！"蓝衣男孩拿出"手机"在"二维码"处扫了扫，说："好了，钱付好了。"女孩说："收到了。"男孩对着蓝衣男孩说："谢谢！"

识 别

▼女孩的社会经验丰富，解决问题的能力较强。当看到顾客犹豫买什么时，她马上积极推荐自己生活中经常吃的烤鱼尾；当顾客的现金不够时，她马上推荐使用支付宝，将生活经验迁移到游戏中；当发现没有"二维码"时，她立马用笔临时画了一个。

▼男孩的心思非常缜密，当听到女孩推荐烤鱼尾的建议时，他不是立马答应，而是问"你怎么知道很美味的"。当确定购买时，男孩会用比较的方法，看看自己的钱是否够用，并询问"钱不够怎么办"。

回 应

▼基于幼儿的兴趣，丰富其相关经验和游戏内容。在游戏分享与交流的环节引导幼

儿讨论"钱不够怎么办"，给幼儿提供不同的支付方式或者解决办法，如记账、请客、增设临时工作人员等。

▼支持幼儿在游戏中以物代物的假想行为。游戏中的材料不一定全部由教师包办代替准备好，应发挥幼儿的主动性和同伴之间的互动性，让幼儿自己选择、制作，从而提高幼儿的动手能力和以物代物的能力，比如支付宝的出现、刷卡机的替代等。

▼不断调整价格，提高游戏的挑战性。根据幼儿的认知能力和游戏水平，教师在观察幼儿活动的基础上，通过适当投放不同面值的货币、调整商品的价格等方法，让幼儿在新的挑战中保持兴趣。

（四）乡情游戏反思与推进

"小镇美食乐"主题游戏从幼儿的视角诠释了"舌尖上的家乡"，围绕家乡美食，打造生活周边情境，幼儿在家乡美食的制作、交易、分享中再现生活经验、体验生活乐趣、学习生活技能，从而促进其自理能力、社交能力、认知水平和情感表达的发展。我们从美食体验环境创设出发，在研修中不断形成了有效的经验。

1. 创设"真"的环境，彰显协调一致的美感

基于内部空间布局的环境调试。我们按照功能性对空间进行划分，主要分为操作区、材料区和展示区等，并充分利用空间，如把小桌子变成可以根据幼儿人数自由组合的桌子，既适合幼儿集体参与，又满足小组需求。

基于隐性暗示的外部墙面创设。为了让幼儿一走到门口就能感受到游戏的内容、生活的气息，我们和幼儿商量门口墙面如何创设：首先让幼儿在现实生活中亲身感受，然后收集照片和创设方案，和幼儿一起确定方案，最终与幼儿合作制作外部墙面。

基于心理氛围的"真"环境创设。生活体验区的游戏环境以暖色调为主，为幼儿营造轻松活泼的活动氛围；游戏材料区的材料柜以原木色为主，搭配一些粉色、白色的纱幔等，营造明快纯真的氛围；角色道具以马卡龙色为主，这让幼儿不仅能体验到操作的乐趣，更能感受到生活中的美感。

2. 巧投"真"材料，激发游戏参与积极性

在游戏过程中，如果一直投入一些半成品，在一定程度上会影响幼儿的积极性。因

此，我们每月定期投入"真"材料，让幼儿面对真实的材料，使用真实的工具动手操作，解决真实情境中的生活问题，帮助幼儿习得有用的生活技能，获得真实的生活经验。

3. 营造"趣"的活动主题，支持幼儿深度学习

我们从幼儿的兴趣、课程实施的需要和幼儿的生活经验出发，开展"有趣"的美食活动主题，如立夏做乌米饭、端午节包粽子、秋天做南瓜饼等，让幼儿深度体验美食制作。

美食体验游戏的开展，不仅增强了幼儿的自信心和成就感，让幼儿更加喜欢生活、热爱生活，更重要的是幼儿通过生活技能的学习，培养了良好的生活习惯、卫生习惯和文明习惯。我们要做的就是以幼儿为本位，把环境还给幼儿，为幼儿营造更好的成长环境。

四、小镇生活乐

富春江镇小而集中，镇上商铺林立，一条七里泷大街横穿整个小镇，是镇上最热闹和繁华的地方。"小镇生活乐"主题游戏从幼儿已有的经验和兴趣出发，设置了"丫丫电影院""丫丫美发屋""丫丫育婴坊"三个游戏区，将幼儿的游戏与生活体验结合起来，让幼儿在角色扮演和交往中感受小镇生活的快乐。

（一）环境创设与材料投放

环境创设

★ 丫丫电影院：电影海报、电影售票处、售票排队标识、观影区、座位牌等。

★ 丫丫美发屋：打扮区、假发台、梳妆台、展示走秀区。

★ 丫丫育婴坊：宝宝洗澡区、宝宝按摩台、衣着打扮区、婴儿推车摆放区。

▲图3-40　丫丫电影院游戏区　　▲图3-41　丫丫美发屋游戏区　　▲图3-42　丫丫育婴坊游戏区

材料投放

★自然材料：芦苇、树枝、花瓣、各种小花朵等。

★废旧材料：旧衣服、旧纸箱、旧牛奶罐、旧奶瓶、一次性纸杯等。

★美工材料：电影海报照片、各种不同颜色的假发、发夹、梳子、镜子、吹风机、浴盆、沐浴球等。

★辅助材料：电影海报，电影售票窗口，各种大小不一、材质不同的娃娃。

▲图3-43　丫丫电影院游戏材料

▲图 3-44　丫丫美发屋游戏材料

▲图 3-45　丫丫育婴坊游戏材料

（二）乡情游戏组织与指导

丫丫电影院

◉ 游戏前

★经验准备：有跟父母去看电影的经历，感知电影院的环境；通过视频或图片等媒介了解工作人员的工作职责；知道看电影需要购买电影票，了解电影票的作用；知道看电影的规则，如对号入座、文明观影等。

★游戏准备：做好售票员、检票员的招募活动，明确工作职责。

◉ 游戏中

★关注扮演售票员、检票员的幼儿的工作情况，引导幼儿使用礼貌用语，并做好售票、检票和引导的工作。

★关注扮演顾客的幼儿对号入座的情况，引导幼儿能根据电影票上的标记寻找自己的座位。

★关注现场的观影情况，引导检票员对顾客的"不文明观影"行为做出提醒和劝导工作。

▲图3-46　丫丫电影院游戏

★对个别座位安排不合理的现象做调整，帮助幼儿学会解决问题。

○游戏后

★引导幼儿自主收放桌子，整理电影票等材料。

★利用影像、照片等帮助幼儿回忆游戏中的表现，组织幼儿进行"我是文明观影人"互评，讨论如何对号入座，如何寻找座位，观影时需要如厕该怎么办，等等。教师借此给幼儿提供一些支持性策略，助推幼儿游戏水平的提升。

★引导幼儿用表征的形式表达观影感受，或是说一说下一次对观影的需求。

丫丫美发屋

○游戏前

★经验准备：有去理发店理发的经历，了解理发的大致流程；通过视频或图片等媒介了解理发店的工作人员有洗头工、理发师和烫发师等，了解其工作职责。

★游戏准备：做好洗头工、理发师等工作人员的招募活动，明确工作职责。

▲图3-47　丫丫美发屋游戏

◉ 游戏中

★关注美发屋顾客的情况，引导美发屋工作人员在客人较少时招揽顾客前来理发。

★关注幼儿在游戏过程中的角色语言，引导幼儿正确使用一些角色语言进行交流，并鼓励幼儿大胆表达自己的想法。

★引导幼儿坚持在自己的工作岗位上工作，遇到特殊情况学会协商，找到方法解决。

★引导幼儿在游戏过程中安全使用理发工具，特别是剪刀、发卡等。

◉ 游戏后

★引导幼儿自主整理材料，养成良好的物品收纳习惯。

★组织幼儿进行"招揽顾客""最美发型"等主题的评价，利用影像、图片等引导幼儿回忆游戏时发生的趣事，让幼儿在交流中发现和解决问题。

★根据幼儿游戏的需求提供游戏材料等支持，进一步完善游戏的设计。

丫丫育婴坊

◉ 游戏前

★经验准备：有在母婴店洗澡的经历，知晓宝宝洗澡的大致流程；通过视频或图片等媒介了解母婴店工作人员的职责。

★游戏准备：做好工作人员的招募活动，明确工作职责。

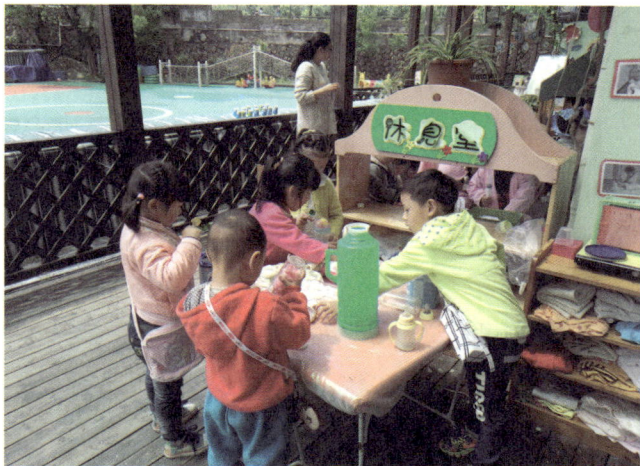

▲图3-48 丫丫育婴坊游戏

◉游戏中

★关注幼儿间的对话主题，教师根据交流主题提供材料支持，引发新的游戏主题。

★关注幼儿在游戏过程中的角色语言，引导幼儿正确使用一些角色语言进行交流，并鼓励幼儿大胆地表达自己的想法。

★引导幼儿坚持在自己的工作岗位上工作，遇到特殊情况学会协商，找到方法解决。

◉游戏后

★引导幼儿自主整理材料，特别注意娃娃的摆放。

★利用影像、图片等引导幼儿回忆游戏中发生的趣事，主要聚焦幼儿的"游戏主题"，并通过幼幼、师幼评价的方式，拓展游戏的主题内容。

★根据幼儿游戏的需求提供游戏材料等支持，进一步完善游戏的设计。

（三）乡情游戏观察与分析

观察区域：丫丫育婴坊

注 意

男孩乐乐和女孩朵朵抱着宝宝来到了育婴坊洗澡。

乐乐把宝宝放进澡盆里，朵朵一边拿挤了沐浴露的沐浴球在宝宝身上来回搓，一边对宝宝说："沐浴露可香了……"乐乐摸了摸宝宝的额头："哎呀，宝宝好像有点发热了。"朵朵一听，也去摸了一下："嗯，好像是有点发热，可能是感冒了，我们赶紧带他去医院吧。"

朵朵放下手中的沐浴球，拉着乐乐起身准备给宝宝看病。他俩在走廊上走了一圈，没有找到医院。乐乐说："这里好像没有医院，我们回家给他喝点水吧，再给他额头上贴个东西，这样他就会好起来的。"朵朵点点头："好吧！"

▲ 图3-49 幼儿在给宝宝喂奶

于是，两个人抱着宝宝回到了班级，朵朵找来奶瓶递给乐乐："你给宝宝喂水吧，我去找贴贴的东西。"说完，朵朵去教室的美工区拿了一张白纸，剪成了小方形，说："贴贴的东西好了。"她拿着"退热贴"放在宝宝头上："哎呀，太大了，我去重新弄一下。"她拿起剪刀在原来的纸片上重新修剪了一下："好像又太小了。"于是她又拿来新的纸继续剪。

这时，乐乐提出了建议："你把纸放在宝宝的头上，然后用笔画一个方形。"听了乐乐的话，朵朵照着乐乐说的方法重新做了一张"退热贴"。

识 别

▼男孩乐乐的思维比较活跃。在假想游戏中，他从洗澡的游戏生发了宝宝生病的游戏，将生活经验迁移其中。当发现没有医院时，他解决了问题：回家喝水、贴"退热贴"。当朵朵数次没有剪出合适的"退热贴"时，他提出合理的建议：把纸放在宝宝额头，估计大小后再剪。

▼女孩朵朵专注且有耐心。当给宝宝准备"退热贴"时，她尝试了第一次，认为太大了，于是又尝试第二次，又太小。但她没有将就，而是采用了乐乐的建议，继续尝试。

回 应

▼分享游戏经验，培养幼儿自主解决问题的意识和能力。如当游戏情境需要有看病的地方时，与幼儿共同探讨，从而拓展生成"小医院"的游戏。

▼提供辅助材料，满足幼儿游戏的需要。在游戏中，幼儿可能会因为太难或太简单而降低游戏兴趣。因此，教师应该提供一些辅助的材料，让幼儿自主选择材料，创新游戏玩法。

▼创设宽松的氛围，鼓励合作，提升幼儿的交往能力。在混龄游戏中，有不同年龄段的幼儿，因此教师可以在游戏中多创设一些情境，让幼儿共同完成一个任务；同时，多提供一些与人交往的机会，帮助幼儿学会用合作、协商和轮流等方式积极表达情感与意愿。

（四）乡情游戏反思与推进

"小镇生活乐"是整个乡情游戏中最典型的角色体验类游戏，幼儿可以自主选择角色，通过模仿小镇上各行各业人们的日常，用语言、动作和表情等创造性地再现周围的生活场景，从而深化其对家乡生活的认知和情感。在游戏中，我们根据幼儿的需要和游戏发展的需要创设多种场景，促发幼儿展开想象，进入假想的情景去体验成人的生活，从而有效促进其社会性的发展。

1. 丰富生活经验，拓展内容来源

如在"丫丫美发屋"游戏中，教师会让幼儿去理发店体验一次洗头或者理发，然后通过谈话活动，让幼儿说一说理发店里有谁，他们分别在干什么，理发师是怎样理发的，等等。从而加深幼儿对角色行为的理解和认识。

2. 丰富操作材料，激发扮演行为

为不同的角色提供相应的角色服饰，如工作人员的服装、理发师的发夹等，这些角色服饰能帮助幼儿建立角色意识。充分利用家长资源，收集各种与其角色相关的操作材料，让幼儿了解操作材料的作用，丰富角色行为；同时，投放一些低结构的材料，引发幼儿以物代物行为，促进其想象力的发展。

3. 同伴效应丰富幼儿的角色扮演

在混龄游戏中，不同年龄段的幼儿之间的交互作用对幼儿的社会性发展有重要的作用。因此，在角色游戏中，我们经常可以看到大带小的游戏场景。小班孩子喜欢与比自己大的孩子一起游戏，这样可以向大班孩子学习游戏技能、学习角色语言和创新游戏玩法等。而大班孩子在这个过程中不仅增强了责任感，学会了关心他人、帮助他人，而且还巩固了自己的游戏经验。在游戏互动中，大班孩子还为小班孩子的角色语言学习提供了榜样。

从"游玩乐"对家乡的整体感知，到"艺术乐"基于本土的欣赏创作，再到"美食乐"乡土味道的感官体验，最后回归"生活乐"小镇日常的悠然呈现，"囡囡逛家乡"帮助幼儿在丰富的游戏中不断重组、建构对家乡的认知，在情境的体验中不断根植、内化对家乡的热爱之情和自豪感。

（作者：濮炎萍　麻允琴　徐　飞　田红影）

第四章

绵绵老城忆：「东门故事」游戏

桐庐县实验幼儿园教育集团坐落于县城的江北老城区，老城区的老码头所在区域叫"东门头"，这里紧邻富春江，背靠桐君山，承载着悠悠桐韵。

自然资源：美丽的富春江穿城而过，和分水江一起环抱老城区，悠悠桐君山矗立于两江交汇处，桐君塔立于山顶俯视着这片土地。

社会资源：这里有承载儿时记忆的东门码头，也有多条穿街过巷的老弄堂，小吃店、喜糖铺和茶馆等立于其中，好不热闹。

文化资源：越剧、剪纸和故事是桐庐的三大文化特色，老城区还有越剧团、胡家芝剪纸艺术馆等民间艺术场馆。

▲ 图4-1 县城的东门老码头

随着人们不断往富春江南岸搬迁，老城区热闹的生活景象和悠闲的生活方式渐渐成为桐庐人心中的一抹乡愁。而独具特色的"东门头"乡土资源则为幼儿提供了丰富而多样的生活经验，乡情游戏由此而生发。

预期目标

1. 能将生活经验链接到乡情游戏"东门老码头""东门老店铺""东门艺术角"中，在游戏中进一步丰富对家乡老城的感知。

2. 在情境化、趣味化的乡情游戏中，尝试自主协商、制定游戏的规则和玩法，并能持续性地开展游戏，提升动手操作、自主探究、小组合作等能力，养成自主整理、归类收纳等习惯。

3. 乐于参与"东门故事"中的各种游戏，感受乡情游戏的趣味性和丰富性，加深对家乡桐庐的认同感和归属感，萌发爱家乡的美好情感。

一、东门老码头

东门头曾经是县城最热闹繁华的地方，这里有老码头、小吃店、茶馆，还有许许多多的喜糖铺，满满都是老底子的生活味道。当然，这些店铺也吸引了幼儿的目光。"东门老码头"主题游戏中有"老码头小吃店""老码头茶馆""老码头喜糖铺"等游戏区，幼儿可以在这些游戏区里体验生活，而这些游戏在促进幼儿主体性、创造性及社会性发展的同时，也加深了幼儿对家乡的认同感和热爱之情。

（一）环境创设与材料投放

环境创设

★老码头小吃店：老码头照片、水墨墙绘场景、小吃店菜单、特色小吃展板。

★老码头茶馆：茶馆门面设计、茶具、"今日好茶"推荐板、采茶步骤图、泡茶步骤图、"最佳服务员"版面。

★老码头喜糖铺：喜糖制作示意图、喜糖制作区、喜糖陈列柜、喜糖买卖区。

▲图 4-2 老码头小吃店游戏区　▲图 4-3 老码头茶馆游戏区　▲图 4-4 老码头喜糖铺游戏区

材料投放

★**自然材料**：芦苇、树枝、松果等。

★**废旧材料**：旧围裙、旧酒瓶、茶叶盒、旧托盘、喜糖盒、茶壶、彩色包装纸、海绵等。

★**美工材料**：橡皮泥、超轻黏土、糖纸、彩绳、纸盘、纸杯等。

★**自制材料**：收银台电脑、钱币、小吃店菜单、特色小吃展板、茶品介绍单、"今日好茶"推荐板、自制 KT 板屋顶等。

★**辅助材料**：角色服装、游戏角色牌、设计记录本、印章、五角星贴纸等。

▲ 图 4-5　各种各样的喜糖

▲ 图 4-6　老码头茶馆游戏材料

（二）乡情游戏组织与指导

老码头小吃店

● **游戏前**

★**丰富生活经验**：让家长带领幼儿逛一逛弄堂里的小吃店，尝一尝家乡的特色小吃，如油几、米粿、豆腐干等，拍一拍与小吃的合影，尝试做一做不同的小吃，了解基本的制作方法。

★**明确游戏角色**：引导幼儿了解小吃店的角色分工，如收银员、服务员、顾客等，商讨游戏流程，师幼共同制订小吃店的游戏规则。

◎ 游戏中

★ 观察并以图片、视频等形式记录幼儿设计的"美味小吃"宣传单，引导幼儿大胆、主动地介绍家乡的小吃，并能说出推荐的理由。

★ 观察幼儿制作小吃时的方法及材料的利用，鼓励幼儿大胆创新，注重对辅助材料的运用，尝试根据一定的分类依据和方法进行有规律的陈列。

★ 关注幼儿对角色的分工及同伴间的买卖互动行为、语言等，适时介入指导，推动游戏的有序开展。

◎ 游戏后

★ 整理材料：关注幼儿的整理习惯，游戏结束后能快速收拾材料并分类整理。

★ 自我评价：引导幼儿分享在游戏的感受和想法，说一说自己最喜欢的美食及爱吃的原因，说一说游戏中发生的事情或自己遇到的困难等。

★ 同伴评价：组织顾客对服务员的服务质量和小吃店的美食进行评价，评选出今日"最佳服务员"和"最美味小吃"，并说出理由。

★ 教师评价：将幼儿在游戏活动中的场景以图片或视频的形式再现，并针对幼儿的游戏表现进行具体、有效的评价。

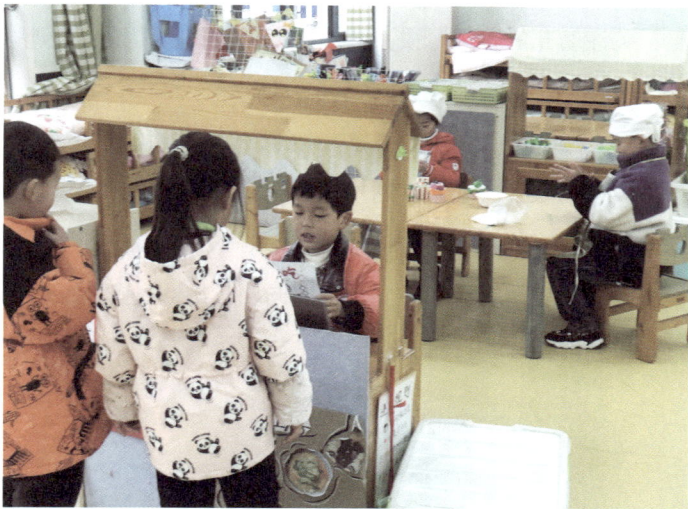

▲ 图 4-7　老码头小吃店游戏

老码头茶馆

○ 游戏前

★**丰富生活经验**：通过视频、图片等方式丰富幼儿对茶馆的经验认知；家长陪同孩子一起走进桐庐街上的茶馆，感受茶馆的氛围，丰富幼儿泡茶、品茶的经验。

★**茶艺内容准备**：师幼共同收集茶艺的相关内容，以图片或绘画的形式呈现服务员泡茶、端茶、倒茶等步骤，让幼儿尝试进行简单的泡茶工作。

★**明确角色分配**：师幼共同讨论茶馆里需要哪些工作人员，如迎宾员、茶品介绍员、茶艺师、老板等，并明确相应的角色职责和工作内容。

○ 游戏中

★关注幼儿在游戏中的角色语言，如主动说"欢迎光临""欢迎下次再来"等礼貌用语；能使用多样化的方式向顾客介绍茶叶，如以歌唱的形式对茶进行创意介绍。

★观察茶馆里的游戏情况，关注幼儿来茶馆玩游戏的参与度及同伴间的互动次数。

★教师适时以顾客的身份介入游戏，在互动中了解幼儿在茶馆游戏中的发展水平，推动游戏的持续发展。

○ 游戏后

★**整理材料**：关注幼儿的整理习惯，游戏结束后能快速清洗、整理茶具等材料，并分类摆放整齐。

★**自我评价**：引导幼儿说一说自己在游戏中的感受，并对游戏情况进行简单的描述。

★**同伴评价**：以前书写、绘画或张贴星星等方式进行评价，选出茶馆的"最佳服务员"，并说明理由。

★**教师评价**：师幼观看游戏视频或照片，共同复盘游戏过程，交流、探讨游戏中的问题，教师进行针对性的指导和评价。

▲ 图 4-8 老码头茶馆游戏

老码头喜糖铺

● 游戏前

★ **丰富认知经验**：组织幼儿走进老街上的喜糖铺，观察感知丰富多样的喜糖品种，说一说喜糖的由来，帮助幼儿了解喜糖所代表的美好寓意。

★ **丰富游戏材料**：亲子共同收集不同形状、不同包装、不同口味的喜糖，以及各种各样的喜糖盒，并能根据不同特征对喜糖进行分类，摆放在陈列柜上。

★ **预设游戏内容**：组织幼儿通过小组讨论、集体投票表决的方式预设游戏开展的形式和内容，保证游戏的可操作性和丰富性。

● 游戏中

★ 观察幼儿制作喜糖的步骤和方法，鼓励幼儿利用多种材料制作类型多样、造型丰富的喜糖。

★ 观察喜糖铺的买卖情况，教师以顾客的角色加入游戏，了解幼儿在游戏中的交流和互动水平；或以旁观者的视角观察记录，鼓励幼儿自主寻找解决问题的办法。

▲ 图4-9 走进老街上的喜糖铺

★关注祝福信的书写格式，鼓励并引导幼儿尝试运用图画、符号、文字等前书写的方式创作祝福信。

◉ 游戏后

★材料整理：关注幼儿整理游戏材料的情况，及时表扬和肯定整理快速的幼儿。

★游戏评价：通过视频和照片的形式呈现游戏片段，组织幼儿对游戏中的表现进行评价，如请喜糖制作区的幼儿分享自己的制作方式，请买卖区的幼儿介绍自己的交易情况，等等。

★游戏留痕：鼓励幼儿用图画的方式记录"我们的喜糖铺故事"版面，这既是对游戏经验的再梳理，又可以让幼儿的游戏有迹可循。

▲图 4-10 老码头喜糖铺游戏

（三）乡情游戏观察与分析

观察区域：茶水吧

注 意

服务员莎莎和颖颖推着小推车往人多的地方去叫卖茶水。两人边走边吆喝："喝茶喽，喝茶喽！五元种类特别多，大麦茶喷喷香，水果茶香又甜，菊花茶能祛火，还有桐庐特色茶，雪水云绿顶呱呱。"

喜糖铺里的小顾客被叫卖声吸引了，有几个小朋友走了过来，男孩乐乐问："有水果茶吗？""有啊，今天的水果茶是用苹果和橘子一起泡的，喝起来又香又甜，你要来一杯吗？只要一元哦！"服务员莎莎热情地回答道。乐乐看了看推车里的东西，说："那你给我倒一杯吧！"

乐乐旁边的另一个男孩涵涵同样也要了一杯水果茶，由于杯子很小，他很快就喝完了，随后他问服务员："我不想喝这个了，还有什么茶啊？""这里有香香的大麦茶，有用玫瑰花和茉莉花做的花茶，还有我们桐庐的雪水云绿，但是价钱不一样哦！"男孩涵涵听完后说："我想喝玫瑰花茶！"

乐乐喝完水果茶准备付钱，他叫了几声老板，但没人理他，于是他就走开了。涵涵喝完茶后询问茶的价格，可两名服务员都在忙着给其他顾客介绍，没有搭理他，于是他也悄悄离开了。

识 别

▼从服务员叫卖的行为中可以看出两个幼儿对自己的角色分工和职责有着明确的意识，社会交往能力和沟通能力较好，知道服务员可以通过吆喝进行叫卖，形成了顾客和服务员之间的良好互动。但在卖茶过程中，两名服务员都在忙着向其他顾客介绍各类茶，没有人负责收钱，这导致有些顾客喝完茶后没有付钱就走了。

▼两个幼儿对服务员的工作较感兴趣，在叫卖过程中能较好地投入，有着较丰富的叫卖经验，能够熟练地向顾客推荐自己所卖的茶，有一定的生活经验。

▼从与客人的对话中可以看出两名服务员能够用较为丰富的语言向顾客介绍各类茶。她们编了一个顺口溜进行叫卖，如"大麦茶喷喷香，水果茶香又甜，菊花茶能祛火"，这些说明性语句的出现，表明她们在了解茶的基础上，已经学会准确地从茶的口感、茶的味道和茶的功能等方面描述茶的特征，在向顾客推荐时也能准确、简洁地从茶的配料及口感说明茶的特色。

回 应

▼在游戏中，除固定的茶馆区域外，又增添了小推车作为可流动的茶水吧进行游戏。该游戏只有两名服务员负责，因此在游戏前教师要注意引导幼儿分工合作，如一人负责叫卖，一人负责收钱。

▼大班幼儿前书写能力发展快速，教师可以引导幼儿合作设计一份点茶单，并明晰点茶单的使用方法：在相应茶的格子里勾画份数，便于服务员上茶及收钱；结束时，及时将其擦干净，方便下位顾客使用。

▼教师可以引导幼儿讨论角色语言的使用，如服务员可以使用"请问你喜欢喝什么茶""祝你用茶愉快""欢迎光临老码头茶馆"等表达。

（四）乡情游戏反思与推进

桐庐老城的东门码头承载着桐庐人心中最温情的过往岁月。生活在老城区，不管走到哪儿，都散发着浓浓的乡情。对于幼儿来说，真实的游戏体验是探寻老码头印记最好的方式，而教师适宜的支持和引导大大提升和满足了幼儿在乡情游戏中的兴趣和需求，浸润式的游戏环境和丰富具象的游戏材料又为乡情游戏平添了几分韵味。

1. 空间的开放化

环境是乡情游戏的重要载体，在"东门老码头"游戏区中，我们充分利用室内外环境，如楼梯拐角、走廊、操场等，创设了开放的、多样化的游戏空间，满足了幼儿游戏时互通流动的空间需求。

2. 材料的丰富化

在材料投放方面，除了预设的材料外，我们也巧妙利用家长资源，让家长参与到区域创设中来，真正实现了教师、幼儿和家长的三方联动；同时，材料的丰富性赋予了幼儿极大的自主权，不仅推动幼儿在游戏中主动学习和自主探索，丰富了游戏的情节和内容，也大大激发了幼儿的游戏兴趣和探索欲望。

3. 游戏的生活化

"东门老码头"的三大游戏区让老码头的传统店铺在游戏中重新焕发了生机。幼儿在游戏中感受到了乡情游戏的独特魅力，进一步了解了家乡的特色，如知道雪水云绿茶、钟山豆腐干、油儿、米粿等家乡美食，深度建构了对家乡的认知，萌发了爱家乡、颂家乡的美好情感。

4. 活动的持续化

如何使游戏持续化开展，还需要我们在实践的过程中不断探索，既要不断丰富幼儿对于老城区店铺的生活经验，又要拓展幼儿在乡情体验活动中的游戏经验，在经验相互联结、幼儿游戏水平不断提升中形成可持续的系列乡情游戏活动。

追随着幼儿在游戏过程中的经验点和兴趣点的转变，游戏不断深入和推进，老码头的印记也在幼儿的游戏体验中不断铺展开来，老桐庐的韵味深深植根于幼儿心中。

二、东门老店铺

新城新气象，老城老韵味，老城许多古老的东西正慢慢褪去曾经热闹的烟火气息，被渐渐遗忘在时间的缝隙里。为了不让往事成烟，不让老城文化远去，"东门老店铺"主题游戏和当下的生活进行衔接，设置了"东门理发馆""东门擦鞋铺""桐君堂药房"等游戏区，让幼儿在自主尝试、交往合作中寻找老店铺风情，感受各行各业的魅力，品味老生活的印记。

（一）环境创设与材料投放

环境创设

★东门理发馆：各种发型照片、"我型我秀"背景板、"最佳发型师"展示区等。

★东门擦鞋铺：鞋子摆台、操作台、幼儿设计的擦鞋套装、擦鞋步骤说明、服务准则、宣传海报等。

★桐君堂药房：中药材柜、医生诊脉柜台、中药包装区、中草药名片展示区等。

▲图 4-11　东门理发馆游戏区　　▲图 4-12　东门擦鞋铺游戏区　　▲图 4-13　桐君堂药房游戏区

材料投放

★自然材料：大石头、小石头、树枝、中草药等。

★ **废旧材料：** 旧鞋子、旧木盒、纸杯、假发、布料、吸管、洗发罐等。

★ **建构材料：** 雪花片积塑、原木块积木、泡沫积木、纸盒等。

★ **自制材料：** "理发台"模型、自制 KT 板屋顶、移动擦鞋盒、包药牛皮纸等。

★ **辅助材料：** 游戏角色牌、角色服饰设计记录本、口罩、中草药图片、药臼等。

（二）乡情游戏组织与指导

东门理发馆

● 游戏前

★ 教师围绕理发的话题投放相关视频、图片等材料，丰富幼儿对理发行业的感知和认识。

★ 幼儿合作制订规则，确定角色，如理发师、洗发工、前台接待员等，按照角色的设定，进行技能学习。

● 游戏中

★ 关注幼儿是否能根据顾客的脸型、头发长短等特点，主动寻找和制作理发过程中所需要的材料，关注幼儿对材料的灵活使用，支持幼儿在游戏中以物代物的假想行为。

★ 关注幼儿对角色的分配是否合理，让幼儿熟悉相应岗位的操作流程，持续在自己的岗位上为顾客提供服务。

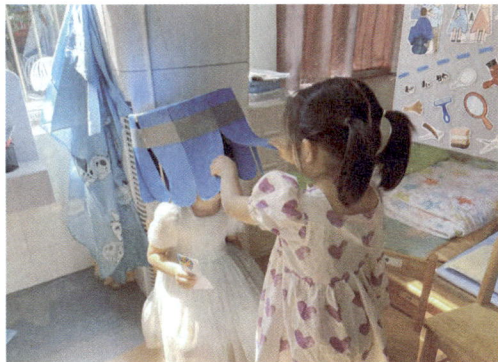

▲ 图 4-14 幼儿在烫发

▲ 图 4-15 幼儿在理发

★教师可以以顾客的身份参与到游戏中，观察幼儿的需求与困难，给予适当的支持。

◎ 游戏后

★关注幼儿的整理习惯，引导幼儿自主快速地收拾材料，并将材料分类摆放。

★引导幼儿回忆游戏情境，并从发型师的设计、造型等方面对游戏进行评价。

★引导幼儿将设计好的发型造型放在展示区展示，一周票选一次，选出"最美发型造型"。选取部分完成的发型造型作品送到表演区，作为表演道具，进一步支持游戏区之间的联动。

东门擦鞋铺

◎ 游戏前

★谈话交流：带领幼儿观看老手艺人的视频，听"小小擦鞋匠"的故事，了解擦鞋的过程与方法，感知劳动者的辛苦。

★亲子体验：有条件的家长可以带幼儿体验擦鞋工作，让幼儿更深入地了解这个职业，加深对擦鞋劳动者的认识。

◎ 游戏中

★关注幼儿对擦鞋步骤、服务内容等是否熟悉，在与顾客互动的过程中，能否让顾客感受到有特色的擦鞋方式。

★观察幼儿在游戏中的语言，是否能使用多样的吆喝方式吸引顾客，推动游戏持续开展。

★关注扮演擦鞋匠的幼儿自主到其他游戏区招揽生意的情况，观察场地、材料与游戏的关系，及时给幼儿提供支持，如提供擦鞋工具包。

◎ 游戏后

★整理材料：关注幼儿的整理习惯，引导幼儿及时清洗材料、分类整理。

★自我评价：根据扮演的角色，说一说自己扮演角色的感受，让幼儿产生尊重劳动、热爱劳动的情感。

★同伴评价：开展"服务员之星"的评选活动，从操作熟练度、服务品质和礼貌用语等方面对服务员进行评价。

▲ 图 4-16　东门擦鞋铺

桐君堂药房

○ **游戏前**

★组织幼儿一起走一走老弄堂，看一看现存的桐君堂药房，知道桐君老人是中药鼻祖，感受家乡中医药文化的博大精深。

★搜集有关中医的知识，认识一些常见的中草药，了解中医看病的一般流程。

★幼儿合作制订游戏规则，分配医生、配药人等角色。

○ **游戏中**

★观察幼儿在游戏过程中模仿中医接诊的行为，如望、闻、问、切等动作，感知中医文化的独特性。

★支持幼儿尝试用符号或数字等多种前书写的方式记录病症、开取药方，并能简单介绍中药材的相关功效。

★观察幼儿能否根据药方上的图形和数字提示抓草药、包草药。

★引导幼儿通过协商合作、分配角色进行游戏，明确医生、护士、药剂师等角色的分工，促进幼儿社会性交往能力的良好发展。

▲ 图 4-17　幼儿在把脉

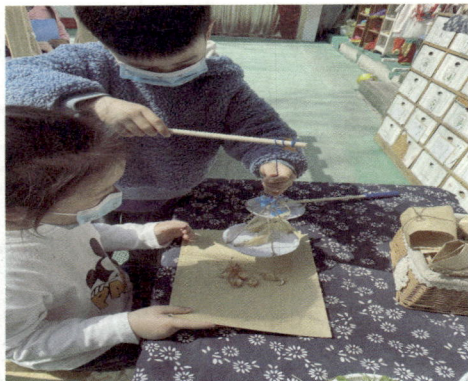

▲ 图 4-18　幼儿在抓药

○ 游戏后

★ 关注幼儿的整理习惯，引导幼儿在游戏结束后及时分类整理中药材料。

★ 组织幼儿观看游戏时的照片、视频等，共同讨论游戏过程中遇到的问题，交流经验，推动游戏的进一步发展。

★ 教师可根据季节、节日等开展有关中医文化的主题活动，进一步拓展幼儿对中医文化的认知。

（三）乡情游戏观察与分析

观察区域：东门理发馆

注 意

东门理发馆的游戏又开始了，女孩 A 在店里等待顾客来理发，等了好一会儿了，也没有一个顾客来店里。

女孩 A 想了想，把彩色的头饰戴起来招揽客人。不一会儿，女孩 B 走进理发店，她坐到小椅子上，说："我要洗头。"女孩 A 赶紧拿起洗发水瓶子，用力挤了挤洗发水瓶子，做出倒在头发上的动作，然后用手抓一抓女孩 B 的头发。她一边洗一边问："舒服吗？顾客请你把头低下去一点哦。""水流下来了，请用毛巾捂住眼睛。"女孩 B 一边听她说，一边很配合地做着动作。

接着，女孩 A 又拿起了一旁的剪刀，说："我来给你剪头发吧，换个发型会更漂亮。""不行，不行，我不要剪头发，我怕。"女孩 B 快速从椅子上站了起来，一脸不情愿的样子。这时女孩 A 灵机一动，对着女孩 B 说："你看，你这里的头发都开叉了，开叉的头发要修剪才会长得更好，要不然没有营养了。我妈妈还告诉我，女孩子要经常剪头发，特别是夏天，长头发容易长虫子。"女孩 B 听了还是有点疑惑，这时女孩 A 又说："放心，我会剪一个你喜欢的发型，你可以先挑选下。"

女孩 B 半信半疑地看着女孩 A，思考了片刻后，挑选了一个自己喜欢的发型图片，配合地坐到了理发的位置上，让女孩 A 给她剪头发。

识 别

▼案例中，女孩 A 是一个有一定经验且认真细致的理发师，在店里没有客人的时候，马上想办法招揽客人，她知道理发店里可以洗头发、剪头发、设计发型，也知道洗发时要抓抓头皮，水流下来时可以用毛巾捂住眼睛，剪头发时要参考顾客的要求。当女孩 B 因为害怕不敢剪头发时，女孩 A 立刻就想出了各种办法说服女孩 B 剪头发。从中可以看出女孩 A 的交往能力较强，为了达到游戏目的，能从他人角度考虑，进行沟通。

▼从该案例中我们可以看出，随着游戏的开展，幼儿逐渐将生活经验迁移到游戏中来，渐渐有了理发师和顾客等角色的分配和互动，他们开始在游戏中模仿生活中的场景，角色扮演和游戏情节也随之丰富。

回 应

▼观察幼儿间的交往情况，如是否主动招呼客人，语言表达是否清晰，引导幼儿根据顾客的需要进行服务。

▼引导幼儿开展"最佳理发师"的评选活动，相互模仿，相互学习。在游戏过程中或结束讲评时让幼儿分享游戏中发生的有趣故事。

▼根据幼儿的兴趣和需要，灵活调整游戏区的活动空间和材料。

（四）乡情游戏反思与推进

在"东门老店铺"游戏中，幼儿通过回忆、观察图片和资料加深对老店铺的印象。随着幼儿经验的不断丰富，幼儿相互之间的交流增多，从而在游戏中能够用更多的形式表达对老码头、老店铺的体验感受，进一步体验家乡独特的风味。

1. 贴近现实生活

"东门理发馆"的理发造型活动贴近现实生活，因而幼儿的参与度很高，并且对游戏很感兴趣。教师可以为幼儿提供一些发型照片并在理发馆里展示，进一步丰富幼儿的经验，鼓励幼儿进行大胆创造。教师还可以给幼儿提供纸、笔，支持幼儿根据顾客的要求设计发型，然后挑选喜欢的材料制作发型。此外，教师提供给幼儿的造型材料要多样化、生活化，便于幼儿操作。

2. 传统文化渗透

"桐君堂药房"不是让幼儿学中医，而是让幼儿在体验过程中感受中医的独特性。游戏所需的中药材料可以是生活中常见的真实中药，也可以用其他材料作为替代物。在游戏过程中，幼儿可以体验各种角色，尝试包一包中草药，端午节还可以用中草药制作香袋。通过游戏体验，幼儿对传统中医文化会越来越了解，对家乡的自豪感也会随之加深。随着游戏的深入，教师可以邀请国医馆的医师来给幼儿做微讲座，让幼儿进一步感受中医文化的博大精深。

3. 巧借家长资源

"东门擦鞋铺"再现了以前老城区街头常见的生活场景。由于现在擦鞋铺越来越少，幼儿的相关经验减少了许多。但对于带有劳动体验的游戏，因有一定的操作性，幼儿显然比较喜欢去挑战。为此，擦鞋铺的设置除了教师事先预设的材料外，也巧妙地利用家长资源，以丰富游戏区的材料设置。例如，由家长带孩子体验擦鞋的过程，让孩子更直接地了解擦鞋的流程和劳动者的辛苦，让家长带孩子一起收集老底子的擦鞋工具、各式各样的鞋子等。从生活出发，让幼儿自主探索，在游戏中体验劳动创造的快乐，让游戏变得更有趣。

"东门老店铺"游戏的开展，不仅为幼儿建立了对桐庐老店铺的初印象，而且让幼儿在生活经验的对接、传统文化的感受和动手体验的感知等方面都有了一定的认知提升，让幼儿懂得传承和劳动的意义。

三、东门艺术角

剪纸、越剧和故事是桐庐的三大文化特色，这些深厚的地方文化无痕地渗透在幼儿的生活中。"东门艺术角"主题游戏结合这三大地方文化特色，创设"东门大戏台""东门故事馆""东门剪纸馆"三个游戏区，"东门艺术角"的价值在于让幼儿感受、体验家乡的文化艺术，在积极参与的过程中获得艺术的熏陶和想象创造力的发展。

（一）环境创设与材料投放

环境创设

★**东门大戏台**：亲子看戏、了解戏的照片展板，桐庐越剧角色、分类、表演方法等示意图，戏剧表演舞台，更衣区，化妆区，道具间，等等。

★**东门故事馆**：故事的表演形式示意图、亲子表演故事和同伴表演故事的照片展板、故事舞台大背景、道具室等。

★**东门剪纸馆**：剪纸艺术家及相关作品介绍展板、优秀作品欣赏区和幼儿作品展示区、剪纸方式和纹样示意图、剪纸操作区等。

▲图 4-19　东门大戏台游戏区　▲图 4-20　东门故事馆游戏区　▲图 4-21　东门剪纸馆游戏区

材料投放

★ **自然材料**：竹子、树枝、树叶、棉花、羽毛、原木块、蔬菜等。

★ **废旧材料**：碎布、卷纸芯、牛奶罐、纸板、纸盒、KT 板等。

★ **美工材料**：刮画纸、彩纸、剪刀、水彩笔、白色扇面、亮片、吸管等。

★ **自制材料**：各种戏服、头饰、刀、剑、戏曲表演剧本、故事盒、舞台等。

★ **辅助材料**：首饰、化妆品、镜子、戏曲音乐、故事背景音乐等。

▲ 图 4-22　东门大戏台游戏材料　　▲ 图 4-23　东门故事馆游戏材料　　▲ 图 4-24　东门剪纸馆游戏材料

（二）乡情游戏组织与指导

东门大戏台

○ **游戏前**

★ **经验准备**：邀请越剧演员到幼儿园现场表演；去戏院、公园等地感受越剧；通过视频等欣赏专业越剧演员的精彩演出，感受越剧美妙的唱腔、优美的越剧服饰等。

★ **商讨计划**：通过集体谈话、个别交流和调查问卷等多种形式让幼儿讨论自己想扮演的越剧角色，并将自己的计划描绘出来，形成游戏计划书，增强幼儿游戏的目的性。

○ **游戏中**

★ 关注幼儿在游戏中的目的性。鼓励幼儿能够根据自己事先制订的计划进行装扮、表演等活动。遇到困难或者与游戏情节不符时教师可适时介入，以角色的身份助推游戏继续发展。

★关注幼儿表演的情绪状况。在进行道具选择、角色演绎和同伴互动时是否大胆主动、积极自信，必要时教师可通过表演示范、鼓掌表扬等方式帮助幼儿收获一些信息，得到情绪上的满足感。

★观察幼儿在表演中与材料的互动。关注游戏材料是否能满足幼儿更好地进行游戏。当游戏材料满足不了幼儿时，教师可以引导幼儿寻求其他区域的帮助，如美工区的材料制作、建构区的舞台搭建等，通过互通支持游戏进一步开展。

○ 游戏后

★材料整理：关注幼儿的整理行为，用音乐快慢的提示形式引导幼儿游戏结束后能快速将道具、舞台灯整理好，并将其分类摆放在指定位置，如根据音乐节奏的快慢，调整整理的速度。

★三角度评价：利用活动视频、照片与幼儿进行集体交流，通过自评、他评和教师评的三角度评价方式帮助幼儿回顾、丰富自己的表演经验，如材料的搭配使用、舞台的表演状态、越剧的唱腔把控等。

★延伸提炼：引导幼儿通过绘画或者前书写的形式记录自己的表演过程，鼓励幼儿与同伴、家长、老师分享自己在越剧表演中的发现和心得，为下一次游戏做好铺垫。

▲图4-25　越剧艺术走进幼儿园

东门故事馆

● 游戏前

★ **丰富感性经验**：通过调查问卷"爷爷奶奶为我讲故事"，引导幼儿了解桐庐是"中国故事之乡"，知晓"江南故事大王"吴文昶，激发幼儿讲故事的兴趣和对家乡的自豪感。

★ **丰富认知经验**：通过家园配合，结合日常谈话、视频欣赏和现场观看等了解故事的类型、表演的形式等，鼓励幼儿用前书写的形式记录下来，投放在区域中作为一种提示。

★ **制订计划**：引导幼儿自主合作，确定故事表演的内容、表演的形式和所需的服饰及道具。鼓励幼儿用符号、图案和简单的文字制订故事演出计划和故事节目单。

● 游戏中

★ **关注幼儿故事表演时的角色意识**：当幼儿对扮演的故事角色定位模糊时，教师可以通过主持人、表演者、观众等角色的身份介入，用互动式的提问方式帮助幼儿找到自己的角色定位，从而更好地进行故事表演。

▲ 图4-26 听"小故事员"讲故事

★**观察幼儿对故事内容演绎的方式**：以广告插播、视频欣赏的形式鼓励幼儿运用材料、表情、动作和声线等丰富自己的表演，为下一轮表演提供有效的指导。

★**发现幼儿在表演时解决问题的能力**：每个幼儿的表演能力和情绪状态都不一样，鼓励幼儿脱离剧本或者手拿剧本进行故事表演，面对观众提问时能够大胆、自信地回答或进行其他互动。

◉ **游戏后**

★**材料整理**：在主持人宣布表演结束后，观察幼儿的整理情况。可引导幼儿将故事材料有序地摆放在指定位置，鼓励幼儿做好现场清洁工作，挂上"今日结束"挂牌。

★**交流分享**：运用拍摄好的视频、照片引导幼儿回顾、思考、分享、交流自己今天在故事馆里的活动过程，包括内容、发现和收获等。

★**总结回顾**：总结幼儿在故事馆的表现，如故事角色的把握度、故事内容的表现力、与观众的互动等，一边总结一边用图文结合的形式记录，形成板书，投放在区域中，进一步丰富幼儿的表演经验。

东门剪纸馆

◉ **游戏前**

★**感受剪纸艺术**：组织幼儿参观胡家芝剪纸艺术馆，感受老一辈剪纸艺术家的风采，进一步萌发幼儿对剪纸的探索兴趣。

★**名家进园演绎**：邀请民间剪纸艺术家进园现场演绎，幼儿近距离观察感受，在看一看、问一问中亲身感受剪纸艺术的奇妙。

★**讨论剪纸计划**：通过集体谈话、视频欣赏等方式事先预设好想要剪的内容，如主题、要用的材料、剪纸纹样、呈现形式等，保证剪纸活动的顺利开展。

◉ **游戏中**

★**关注幼儿的剪纸方式**：引导和鼓励幼儿大胆选择自己喜欢的方式来剪纸，关注幼儿之间的差异性，可以引导能力强的幼儿进行主题式剪纸，及时支持能力较弱的幼儿进行局部剪纸。

★**观察幼儿剪纸的创造性**：利用视频、照片的形式记录幼儿具有创造性的剪纸方式，如镂空剪纸、拓印剪纸等，引导幼儿相互学习和模仿。

★**关注幼儿的剪纸习惯**：鼓励幼儿在进行剪纸时养成良好的习惯，如工具的安全使用、垃圾的及时整理等，可鼓励幼儿自荐小组长，负责提醒同伴，进行相互监督。

★**关注幼儿作品展示的方法**：鼓励幼儿利用自然材料和废旧材料，用粘、挂、摆、夹等多种形式展现自己的剪纸作品，并引导其将作品提供到其他区域中再次利用，如东门大戏台、东门故事馆。

▲ 图 4-27　参观胡家芝剪纸馆

● **游戏后**

★**材料整理**：运用"馆长提示音"等提示音提醒幼儿抓紧时间完成作品，并做好材料的整理工作，引导幼儿将各类材料有序地放回原位，对好的整理行为及时给予肯定。

★**三角度评价**：引导幼儿通过自评、他评的形式分享交流剪纸作品，了解同伴对自己作品的想法和理解，教师总结性评价幼儿在剪纸过程中的表现，如主题意识、剪纸创新和剪纸的卫生习惯等。

★**材料流动：**通过五角星投票的方式鼓励幼儿选择一些作品送到东门故事馆、东门大戏台等游戏区，丰富游戏材料，这不仅使作品发挥了自身的意义，同时也满足和增强了幼儿的成就感。

▲ 图4-28 剪纸作品展示区

（三）乡情游戏观察与分析

观察区域：东门剪纸馆

注 意

游戏开始，女孩A和女孩B选择了东门剪纸馆。

女孩A拿起图片，说："这是我的设计图，我们来剪富春江二桥吧。"

女孩A挑选了一张黄色的纸，女孩B挑选了一张紫色的纸，她俩熟练地将彩色纸对角折叠变成三角形，再对折变成小三角形，最后将两个边分别向中间对折。

女孩A拿起自己的黄色彩纸，用剪刀将彩纸左剪剪右剪剪，剪完之后打开看了看，似乎不满意。于是，女孩A又将纸折叠好继续用剪刀补上两剪子。这时女孩B已经完成了，她把自己剪的纸给女孩A看，说："我这个剪出来是这样的！"

经过修剪，女孩 A 手里的作品已经完成。她俩打开后对比一下，女孩 A 说："你剪的富春江二桥中间太细了，这样桥会倒塌的。"女孩 B 说："不是的，这是我自己设计的富春江二桥，跟你的不一样。"女孩 A 又说："不对，你的桥上少了桥上的环形，没有环形就不像二桥了！"

女孩 B 看了看女孩 A 的作品发现对方也没有，两个人顿时不知道该怎么办了……

▲ 图 4-29　女孩们在剪纸

▲ 图 4-30　有趣的拓印剪纸

识 别

▼从案例中可以看出两个女孩自主选择了剪纸馆，说明她们对于剪纸馆活动是非常感兴趣的，她们乐意选择和尝试剪纸。

▼在剪纸游戏的过程中，女孩 A 和女孩 B 都能结合已有经验进行剪纸活动，比如有预先设想、过程折叠等，说明这两个女孩有一定的剪纸经验和能力水平。

▼女孩 A 在完成作品后对女孩 B 的作品提出意见，说明该幼儿具有一定的质疑能力，能通过观察发现作品中的问题与不足。

▼两个幼儿在对比两个剪纸作品后发现了问题，即如何用剪纸的方式呈现桥上环形的形状，这时教师应该适时介入。

回 应

▼在剪纸馆环境布置中张贴关于富春江二桥的多角度图片，引导幼儿发现富春江二桥上环形的构造。

▼提供环形镂空的剪法示意图，让幼儿通过观察示意图学会剪纸方法。

▼及时肯定幼儿在剪纸过程中的学习能力、专注力和交流能力等，引导幼儿学习"自我解决问题未果再寻求帮助"的良好品质。

▼在解决困难和完成作品后，请幼儿展示分享，供同伴参照学习，共同促进剪纸能力的发展。

（四）乡情游戏反思与推进

在"东门故事"游戏中创设"艺术角"主题，主要目的就是让幼儿通过环境和材料的互动、经验和实践的碰撞，培养幼儿的艺术感知能力、表现能力和创造能力。

1. 丰富经验，助推游戏

在"东门大戏台"游戏中，最大的亮点就是让幼儿成为游戏的寻找者、布置者、投放者、表演者、欣赏者等，真正成为游戏的主人。让幼儿寻找有关越剧的资料，在寻找的过程中获取零散的经验；让幼儿通过前期获取的信息装饰越剧更衣室和化妆间等，通过参与环境布置成为环境的主人。幼儿利用班级桌柜和空间布置更衣室、化妆间等不同区域，通过环境的暗示与材料的互动进行游戏，体验到了一系列参与的快乐。

2. 了解所需，多方增设

在"东门故事馆"游戏中，创设好游戏区之后，让幼儿自由地玩耍，自由地阅读。通过看看、说说、玩玩、写写，多形式了解东门故事，逐渐积累对东门故事的经验，在收集、回忆、讲述的过程中提升对故事的认知。下一步，教师可通过增设各种各样的角色，将故事改编成表演剧本，通过引导，鼓励幼儿和同伴尝试合作，丰富故事的呈现形式，演绎东门小故事。

3. 可赏可展，多样感受

"东门剪纸馆"游戏是幼儿经验最为丰富且感兴趣的游戏之一。在开展过程中，幼儿能结合材料进行自主剪纸，尝试创作不同的剪纸作品，并且在完成作品时教师鼓励幼儿用多元形式进行展示，感受不同视角的美。剪纸馆活动结合主题活动，在欣赏作品、动手剪纸、建立规则和相互交流评价中培养了幼儿的剪纸技巧和剪纸习惯。将作品流通到其他区域里，实现了互通性和价值性。接下来，为了进一步提升幼儿的剪纸技巧，教师将在材料的多样性、展示的丰富性等方面进行调整和提升，满足不同幼儿的能力水平和需求，同时继续鼓励幼儿与同伴大胆交流自己的想法，达成互动式学习。

"东门故事"游戏中有扮有演、有备有说、有做有展、有评有思，游戏的开展使幼儿不仅获得了对越剧、剪纸和故事三大艺术表现形式的认知，而且在表现能力、动手能力和评价能力等多方面有了进一步提升。

（作者：吴 楠 闻 婷 沈永新 李 清）

纯纯畲乡情：『畲趣三月三』游戏

乡情资源分析

　　桐庐县莪山畲族乡中心幼儿园位于杭州市唯一的少数民族乡，这里地域特色鲜明，有着丰富的自然资源和独特的民族韵味。

　　自然资源：境内山峦起伏，梯田重叠，曲溪蜿蜒，峰奇石怪极具自然野趣，清澈见底的十里莪溪景美如画，与畲乡风情交相辉映，展现独具特色的迷人风光。

　　社会资源："中国畲族第一乡"，山乡民宿声名远播，莪溪畲寨景区特色鲜明。"莪山畲味"美食，如畲家红曲酒、中门黄金粽、沈冠稻鱼米等名声在外。优良的生态环境、浓郁的畲族特色吸引了众多游客的到来。

　　人文资源：畲族文化内涵丰富，凤凰图腾随处可见，畲民至今仍保有特色民风，如传统节日"三月三"、对唱畲族山歌、跳竹竿舞、享长桌宴、舞布龙等。

▲图5-1　畲乡风情

置身畲乡，莰山畲族乡中心幼儿园的幼儿时时处处可以感受到不一样的民族风情。每年，好吃、好玩、好看的"三月三"节日自然而然地成为幼儿口中的热点话题。为此，幼儿园将畲族这一年一度的传统节日融入幼儿园自主游戏，生成了乡情体验游戏"畲趣三月三"。

预期目标

1. 知道"三月三"是畲族传统节日，乐意参与"畲趣三月三"游戏，在游戏体验中进一步认识畲乡的民俗民风，积累关于畲乡民间艺术、生活习俗及地域人文的认知。

2. 尝试利用身边的乡土材料和民族特色游戏材料进行游戏，在互助和挑战中积累交往、合作的经验，在互动和创作中积累审美、创造的经验，逐步培养勇敢、坚持、专注等良好的品质。

3. 在游戏情境中，感受畲乡的变化和独特韵味，萌发喜爱和欣赏畲乡本土文化的情感，逐步培养对家乡的归属感和爱家乡的情感。

一、乡趣·畲家乐

　　"乡趣·畲家乐"主题游戏旨在感受、体验乡趣，基于畲族民俗长桌宴与畲乡传统美食，结合山乡民宿元素，创设了"畲味小厨房""畲家休闲吧""畲家劳作场"等游戏区，充分调动幼儿的生活经验，在有趣的游戏体验中进一步感受畲族传统习俗，了解畲乡美食，根植对畲乡传统民俗的认知，初步萌发幼儿对畲乡的归属感和爱家乡的情感。

（一）环境创设与材料投放

环境创设

　　★**互动展示板**：幼儿种菜、挖菜、烧菜、品美食的照片展板，操作材料诉求板，游戏活动需求板。

　　★**畲味小厨房**：幼儿烧菜、长桌宴的游戏照片，畲乡美食（黄金粽、乌米饭、炒龙须等）图片及制作步骤图，烹饪操作区，切配操作区，外卖接单台，等等。

　　★**畲家休闲吧**：幼儿帐篷、吊床、秋千等。

　　★**畲家劳作场**：幼儿种菜、养护的照片，挖番薯、钓鱼等操作区。

▲图5-2　畲味小厨房游戏区　　▲图5-3　畲家休闲吧游戏区　　▲图5-4　畲家劳作场游戏区

材料投放

★**自然材料**：蔬菜、水果、树叶、草等。

★**废旧材料**：锅碗瓢盆、塑料刀具、灶台、电磁炉、轮胎、座机等。

★**自制材料**：用各种材料（橡皮泥、不织布等）制成的鱼、竹制钓鱼竿等。

★**辅助材料**：厨师帽、围裙、小锄头、帐篷、吊床、吊椅、塑料水池、桌子、竹篮、石臼等。

▲图5-5　畲味小厨房游戏材料　▲图5-6　畲家休闲吧游戏材料　▲图5-7　畲家劳作场游戏材料

（二）乡情游戏组织与指导

畲味小厨房

◎ **游戏前**

★**经验准备**：引导幼儿回忆、分享家里厨房的工作，丰富切菜、烧饭的生活经验。

★**视图欣赏**：引导幼儿通过图片、视频了解畲乡美食，如炒龙须、黄金粽、乌米饭和红曲酒等，并了解这些美食的制作流程。

★**场景浸润**：开展"走进畲乡"活动，带领幼儿实地感受畲乡农家乐中的热闹场景及人们之间的交往。

◎ **游戏中**

★引导幼儿通过厨师、游客及主人等角色的扮演，感受不同角色的行为方式。

★关注幼儿在厨房游戏中的角色扮演、交往行为等，及时了解幼儿的游戏水平，适时丰富幼儿的游戏内容。

★理解幼儿挑选游戏角色、准备游戏材料过程中的价值，保护幼儿的"真游戏"。

★鼓励幼儿主动寻找和制作小厨房中所需要的食材，支持幼儿在游戏中以物代物的假想行为。

★关注并帮助幼儿调动生活经验，再现畲家长桌宴等畲家民俗。

▲图 5-8 畲味小厨房游戏

● 游戏后

★组织幼儿整理游戏材料，根据厨具、餐饮具等不同类别进行分类摆放，合作清理游戏区的环境。

★通过照片、视频等形式帮助、引导幼儿回忆并讲述游戏中发生的故事、矛盾，围绕故事、矛盾展开讨论和交流，帮助幼儿寻找更多人际交往问题的解决方法。

★根据幼儿游戏情况反馈，对不同游戏水平的幼儿进行分层分类的游戏经验铺垫，以图片、实物及亲子活动等形式，帮助幼儿积累更丰富的畲乡生活经验和民俗游戏经验。

畲家休闲吧

◎ 游戏前

★ 经验唤醒：以图片、视频等形式引导幼儿回忆吊床、帐篷等的使用经历，内化幼儿的游戏经验。

★ 交流讨论：引导幼儿交流"可以怎么玩""我想怎么玩"，明确注意事项。

★ 正向支持：鼓励幼儿自主讨论游戏的角色分工，自定游戏规则，引导幼儿多人合作，开展游戏。

◎ 游戏中

★ 关注幼儿在游戏中的行为，引导幼儿在游戏中自定规则，并遵守和调整规则。

★ 关注幼儿游戏情境的产生和推进，如幼儿在帐篷游戏中的"过家家""请你来做客"等游戏环节。

★ 关注幼儿在游戏中分工合作的意识和能力，如吊床游戏中"坐"和"推"的分工等。

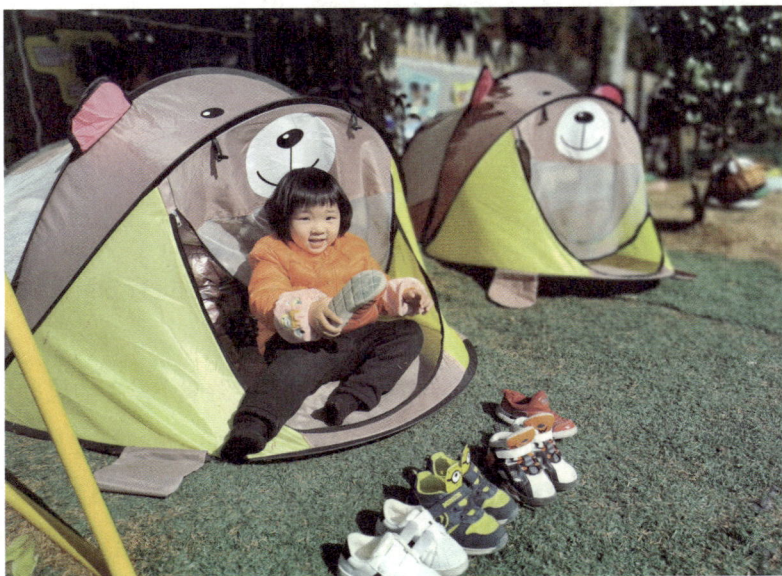

▲ 图 5-9　畲家休闲吧游戏

◉ 游戏后

★ 引导幼儿分享、梳理游戏过程中遇到的问题，讨论如何完善游戏规则和游戏玩法。

★ 引导幼儿通过"休闲吧故事"的记录（绘画、前书写等表征行为），分享交流游戏中的操作和情感体验。

★ 引导幼儿学会迁移与同伴交往中的经验，解决生活中的问题，如邀请同伴一起玩耍时要友好表达等。

畲家劳作场

◉ 游戏前

★ 回忆交流：引导幼儿回忆和分享劳作活动、养殖活动的所见和经历，进一步唤醒和丰富生活经验。

★ 亲子体验：鼓励家长带领幼儿一起参加劳作、垂钓等活动，让幼儿了解锄头、铁锹、鱼竿的使用方法。

★ 观察感知：引导幼儿观察常见的蔬菜、庄稼等，进一步知晓农作物的外形特征、生长环境及生长过程等。

▲ 图 5-10 畲家劳作场游戏

◉ 游戏中

★ 关注幼儿在游戏中农具、渔具的使用情况，引导幼儿安全使用游戏工具和材料。

★ 鼓励幼儿按照自己的游戏意愿开展养殖、垂钓、翻土等游戏活动。

★ 关注幼儿在游戏中的情感体验，聆听幼儿之间的对话，引导幼儿感受劳作活动的"苦"与"乐"。

◉ 游戏后

★ 引导幼儿有序整理、清洁工具，培养良好的整理习惯。

★ 基于幼儿游戏中的兴趣点，交流提升相关经验，如除了用钓竿，水池里的鱼还可以怎么钓上来等。

★ 组织幼儿分享、交流游戏，引导幼儿提出自己的游戏诉求（如新增游戏材料），表达自己的情感体验，如挖番薯的不易和番薯丰收的喜悦等。

（三）乡情游戏观察与分析

观察区域：畲味小厨房

注 意

畲味小厨房里，粉衣女孩和橙衣男孩选择了切菜。

只见男孩小心翼翼地用左手拇指和食指捏住橘子皮，右手握住刀来回拉动，很快便切出了一块块的橘子皮片。

看到老师来到身边，他马上笑着说："吴老师，你看我切了这么多菜，你想吃什么呀？"对面的女孩听见了，立刻反驳说："你这个是橘子皮不是菜，我这个才是菜，可以放到锅子里面去烧的。"男孩瞬间收敛了笑容，转向女孩，皱着眉头大声说："我这个也可以放到锅子里面烧，要炒熟再吃。"

随后，他看了看自己面前切好的橘子皮，又笑着抬头说："我切了这么多，你才切了这么一点点，我比你厉害！"女孩看了看自己面前的红薯梗，嘟了嘟嘴说："我这个刀不快，我这个菜比你的长，所以切得慢。"

说完，她便没有再搭理男孩，低着头比画了一下手里的刀子后，她停下了手里的动作，抬起头朝着男孩手的方向看了好一会儿，随后低下头再看向自己的手，重复看了两次后，她将手里的刀上下换了个面，用力地切下去，来回拉了一次，红薯梗便被切断了。女孩笑了笑，加快了手里的动作，很快把面前的红薯梗切完了。她得意地朝男孩说："你看，我切完了。"

▲ 图5-11　男孩在切橘子皮

▲ 图5-12　女孩在切红薯梗

识 别

▼幼儿对游戏的选择具有自主、自愿性。游戏开始时，女孩切得慢，成品比男孩少且切得很费劲，自述是因为刀不快，但她仍然愿意持续进行游戏，并在切完红薯梗后告诉男孩自己的成果，说明游戏给幼儿带来了积极的情绪体验。

▼幼儿在游戏中有以物代物的行为：用橘子皮代替蔬菜，同时问教师"你想吃什么"，意味着男孩能用简单的材料延续或拓展自己的游戏内容。

▼幼儿有一定的生活经验。从男孩切橘子皮左右手的分工、手眼的协调动作来看，他对如何切菜是有一定了解的，这是幼儿游戏的基础。但在切的过程中，可以看到他"用左手拇指和食指捏住橘子皮"，说明男孩在切的动作上并没有很丰富的实践经验。女孩

的动作相比男孩熟练得多，但她在刀的用法上存在着认知盲区——不清楚刀的哪一边是用来切菜的。

▼同伴学习在幼儿的游戏中悄然发生。在案例中，女孩在发现自己比男孩切得慢后，先是为自己找了两个理由"刀不快""菜比较长"，随后抬头看了看男孩的手，这个动作代表女孩在向男孩学习。女孩看了男孩的手之后，发现自己握刀的方式和男孩是不一样的，从而进行自我调整。这意味着，女孩通过同伴的示范，习得了菜刀的正确使用方法。

回 应

▼真实的游戏情境让幼儿有更强的游戏意愿，教师应准备软硬不同的蔬菜为幼儿提供练习切菜的机会；同时，引导幼儿选择不同的游戏材料进行游戏，让游戏的内容更加丰富，让幼儿有更多积极的情绪体验。

▼关注幼儿在游戏过程中表现出来的整体水平和个体差异，活动后及时组织梳理和分享，促进幼儿整体和个体的纵向提升。如在游戏后的交流和分享环节，可以让女孩说一说自己在切菜的过程中遇到了什么问题，是如何解决的，在讨论中共享经验。

▼重视同伴学习的重要性。在这个游戏场景中，没有教师的介入，女孩通过观察同伴的游戏行为，同样也习得了切菜的技能。可见，教师要给幼儿创造同伴相互学习的机会，让幼儿在和同伴的相处和交往中获得经验。

（四）乡情游戏反思与推进

在课程实施中，教师要让幼儿有生活体验，这种体验应该是愉快和充实的，"畲趣三月三"游戏的实施正是基于这样的思考。

"乡趣·畲家乐"游戏是"畲趣三月三"游戏中乡情感受和表达最为浓厚的一个游戏，凸显家的感受和体验。别具畲乡味的竹制院落门，让幼儿如同在自己家中玩耍般自在、舒适。幼儿自绘畲乡风景民俗的挂旗，呈现的是畲乡特色门楼、建筑、民俗游戏和特色饮食等，观望间，便将家乡刻画在心里。游戏中以准备长桌宴、享受长桌宴为亮点的游戏情境，使幼儿自然地再现民俗活动。而在情境中，幼儿享有充分自由自主游戏的舞台和机会，使乡情游戏真正成为幼儿的游戏。

民族元素充盈的游戏环境、民族特色鲜明的游戏情境让幼儿不仅仅成为畲族文化、畲乡民俗的接受者，更是环境、文化的互动者，由此幼儿才有可能成为新环境、新文化的建设者。

二、野趣·畲游场

畲游场主题游戏旨在体验、享受野趣，基于畲族民间丰富多彩的游戏类别，根据幼儿的年龄特点筛选出幼儿熟悉的、感兴趣的、乐于挑战的游戏项目——"畲娃木磉乐""畲娃摇摇锅""畲娃赶野猪""畲娃采柿子"等，让幼儿在既具有挑战性又能畅快玩耍的游戏中获得体能锻炼，促进身心健康成长，同时极具特色的游戏器材也让幼儿对畲族的传统文化有了进一步的认知和感受。

（一）环境创设与材料投放

环境创设

★互动展示墙：幼儿游戏照片、材料诉求板、游戏活动需求板。

★畲娃木磉乐：幼儿木磉竞赛、合作的游戏照片。

★畲娃摇摇锅：幼儿不同形式的摇锅游戏照片。

★畲娃赶野猪：记分牌、幼儿游戏照片、规则图示展板、用轮胎围成的游戏区等。

★畲娃采柿子：竹杈采柿子游戏区（户外活动场中的大树）、跳跃摘柿子区（固定的自制竹架）、投掷接柿子区（操场上用彩旗或用轮胎围出的场地）等。

▲ 图 5-13 畲娃木磙乐游戏区

▲ 图 5-14 畲娃摇摇锅游戏区

▲ 图 5-15 畲娃赶野猪游戏区

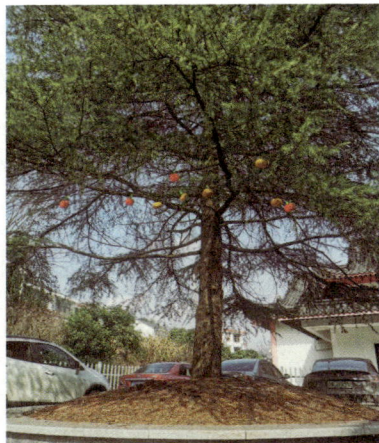

▲ 图 5-16 畲娃采柿子游戏区

材料投放

★ 定制材料：大小尺寸不一的木磙、铁锅、竹笼、竹球、竹兜、竹杈等。

★ 废旧材料：轮胎、网球等。

★ 自制材料：竹棍、轮胎、三角锥、报纸球、海绵柿子、游戏挑战卡等。

★ 辅助材料：队服、记分牌、三角旗等。

★ 自然材料：大树、花坛等。

▲图 5-17　畲娃木碌乐游戏材料

▲图 5-18　畲娃摇摇锅游戏材料

▲图 5-19　畲娃赶野猪游戏材料

▲图 5-20　畲娃采柿子游戏区材料

（二）乡情游戏组织与指导

畲娃木碌乐

◎游戏前

★**经验共享**：知道木碌是畲族传统的游戏器材，通过视频、图片了解木碌的基本玩法（单人手推或脚推、双人合作脚推、单人或多人踩木碌竞速等）。

★**人员招募**：招募木碌区管理员一名，了解其工作职责。

★**交流讨论**：说一说是否有玩木碌的经验、想怎么玩等。

● 游戏中

★ 关注幼儿游戏器材的选择情况，引导幼儿自主选择相应大小的木碌进行游戏。

★ 关注幼儿的游戏开展情况，引导幼儿根据自身能力水平进行独自或合作游戏，如两两合作（一人踩在木碌上前进，另一人站在地上辅助前进）。

★ 关注管理员在游戏区的工作情况，如担任比赛裁判、管理游戏器材等。

★ 在游戏中给予幼儿安全提醒和技能技巧方面的指导，如告知幼儿站不稳时应如何保护自己等。

▲ 图 5-21 畲娃木碌乐游戏

● 游戏后

★ 引导幼儿自主整理活动器材。

★ 组织幼儿回顾自己的游戏，开展"我是怎么玩的""我的成功/失败是因为……"的讨论、评价活动，分享经验。

★ 根据幼儿的游戏开展情况，帮助幼儿梳理踩木碌的基本技能技巧。

★ 开展"小畲娃——木碌挑战之星"评比活动，组织幼儿通过自评、他评等多维度的评价方式进行评选，并进行展示。

畲娃摇摇锅

◉ 游戏前

★ **经验储备**：知道摇锅是畲族传统的游戏器材，通过视频、图片了解摇锅的基本玩法。

★ **人员招募**：招募摇锅区管理员一名，了解其工作职责。

★ **交流讨论**：说一说是否有摇摇锅的经验，想怎么玩等。

◉ 游戏中

★ 关注幼儿的游戏开展情况，引导幼儿根据自身能力水平进行独自或同伴竞速游戏。

★ 关注幼儿站立摇摆前行的动作是否规范，鼓励不同年段的幼儿互相帮助。

★ 关注管理员在游戏区的工作情况，如担任比赛裁判、管理游戏器材等。

★ 关注并鼓励幼儿创新摇锅玩法，如坐、躺在摇锅中转圈等。

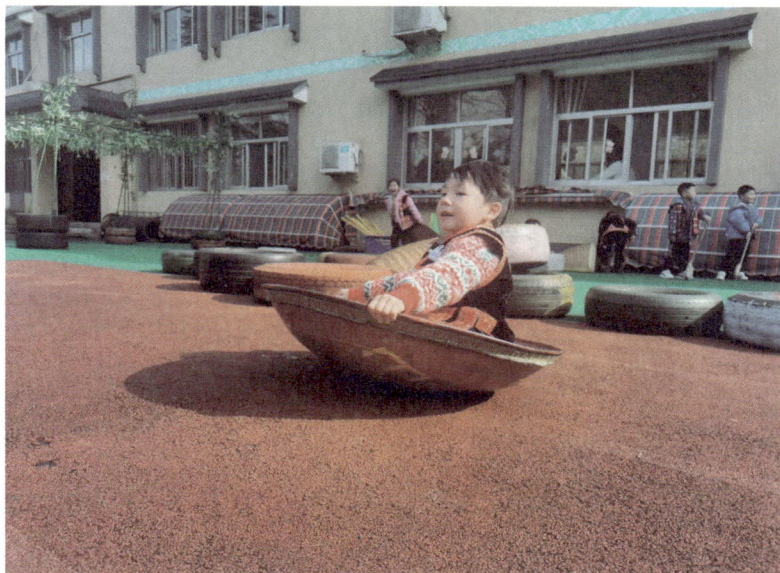

▲图 5-22 畲娃摇摇锅游戏

● 游戏后

★引导幼儿同伴合作整理活动器材。

★组织幼儿回顾自己的游戏，开展"我是怎么玩的""我的成功/失败是因为……"的讨论、评价活动，分享经验。

★组织幼儿分享摇锅的创意玩法，以图片的形式将幼儿感兴趣的玩法张贴至展示板。

★开展"小畲娃——摇锅挑战之星"评比活动，组织幼儿通过自评、他评等多维度的评价方式进行评选，并进行展示。

畲娃赶野猪

● 游戏前

★经验共享：知道"赶野猪"是畲族传统的游戏，通过视频及现实生活中的见闻经验，了解游戏的基本规则。

★人员招募：招募"赶野猪"区管理员一名，了解其工作职责。

▲ 图 5-23　畲娃赶野猪游戏

★**亲子游戏**：鼓励家长在家和孩子一起玩"赶野猪"的游戏，让幼儿在亲身体验中感知规则和玩法。

◉ 游戏中

★关注幼儿游戏器材的使用情况，引导幼儿正确使用竹棍"赶野猪"。

★关注幼儿的游戏开展情况，引导幼儿根据自身能力水平进行单人直线/绕障碍"赶野猪"或分组"赶野猪"竞赛。

★关注管理员在游戏区的工作情况，如担任比赛裁判、管理游戏器材等。

★在游戏中给予幼儿安全提醒和技能技巧方面的指导，如规范"赶"的动作，特别是在小组对抗竞赛中，不能挥舞竹棍。

★关注幼儿的运动量，提醒幼儿及时喝水、替换汗巾、休息等。

◉ 游戏后

★引导幼儿自主整理并分类摆放游戏器械、材料。

★组织幼儿回顾自己的游戏，分别引导竞赛中赢和输的一方进行经验的总结、分享、交流。

★引导幼儿通过"游戏故事"的记录（绘画、前书写等表征行为），分享交流自身的情感体验，如"我最喜欢玩……，因为……"

★开展"小畲娃——赶野猪挑战之星"评比活动，组织幼儿通过自评、他评等多维度的评价方式进行评选，并进行展示。

畲娃采柿子

◉ 游戏前

★**经验积累**：知道采柿子是畲族传统的游戏，通过视频、照片和集中讨论了解游戏的基本规则。

★**人员招募**：招募采柿子区管理员一名，了解其工作职责。

★**互动交流**：了解采柿子的不同玩法，如在大树下用竹杈抢柿子、在任意空闲场地用竹篓接柿子、在竹架下摘柿子等。

▲图 5-24 畲娃采柿子游戏

▲图 5-25 跳跃摘柿子

● 游戏中

★ 关注幼儿的游戏开展情况，引导幼儿根据个体差异和自身意愿选择游戏，如能力弱的幼儿可以选择用竹篓接柿子、跳跃摘柿子，能力强的幼儿可以选择用竹杈抢柿子等。

★ 关注管理员在游戏区的工作情况，如担任比赛裁判、管理游戏器材等。

★ 在关注幼儿跳跃、投掷等大肌肉发展的同时，注意循序渐进地锻炼幼儿的手眼协调能力。如在用竹篓接柿子的游戏中，教师可以根据幼儿的个体差异设置挑战关卡，让幼儿由近到远闯关等。

★ 关注幼儿的运动量，提醒幼儿及时喝水、替换汗巾、休息等。

★ 关注幼儿游戏中的安全意识和规则意识，如用竹杈抢柿子时注意不要拥挤等。

● 游戏后

★ 引导幼儿自主整理游戏器材，以"大带小"的方式让小年龄段的幼儿在潜移默化中学会整理。

★ 组织幼儿通过"游戏故事"的记录（绘画、前书写等表征行为），分享交流自身的游戏行为和情感体验，如"我学会了……""成功/失败的原因是什么"，给予幼儿鼓励和支持。

★ 开展"小畲娃——采柿子挑战之星"评比活动，组织幼儿通过自评、他评等多维度的评价方式进行评选，并进行展示。

（三）乡情游戏观察与分析

观察区域：畲娃木礅乐

注 意

三个小班小女孩（粉衣、白衣、绿衣）手拉手，蹦跳着来到了畲娃木礅乐游戏区，搬了一个小号木礅出来。

小粉（粉衣女孩）和小绿（绿衣女孩）尝试合作玩木礅：小粉站在地上用一只脚掌抵住木礅，另一只脚踏在木礅上，两人双手紧紧握住，紧接着，小绿脚用力向上一蹬，小粉双手向后用力一拉，小绿就站到了木碌上，但还没站稳就立马落在了地上。小绿没有再尝试站上木碌，而是用手指着畲娃秀场的方向，说："你看，他们在干什么？"小白（白衣女孩）马上回头看了一眼是畲娃秀场，说："我们去那边玩吧。"小粉没有回应小白，她伸出双手，开始尝试站上木碌，小绿马上握住了小粉的双手，转到小粉对面。在小绿的帮助下，小粉颤颤巍巍地站在了木碌上。小白见没人理她，独自跑着去畲娃秀场了。小粉和小绿继续玩木碌。

十分钟后，小白走了回来，看到小绿从木碌上滑下来，于是蹲下来要扶住木碌，小粉说："不用扶的，要这样。"边说边用脚示范给小白看，这下换小白抵住木碌。不一会儿，小白指着小黑（旁边一名黑衣女孩，中班）的方向说："她会走了。"她们一起走到了小黑身旁，小黑轻松地从木碌上跳下来，开始教她们怎么踩木碌，嘴里不停地说着："看姐姐的，看姐姐的。"小黑主动示范，把木碌靠着轮胎，撑开双手保持平衡再慢慢挪动脚步让木碌动起来，随后她扶着小绿站到木碌上，慢慢放开抵住木碌的脚对小绿说："脚走起来。"小绿晃晃悠悠地踩着木碌，木碌开始向前挪动起来，旁边的小粉和小白也学着小黑她们一样让木碌滚动起来。

▲图 5-26　女孩们在踩木碌

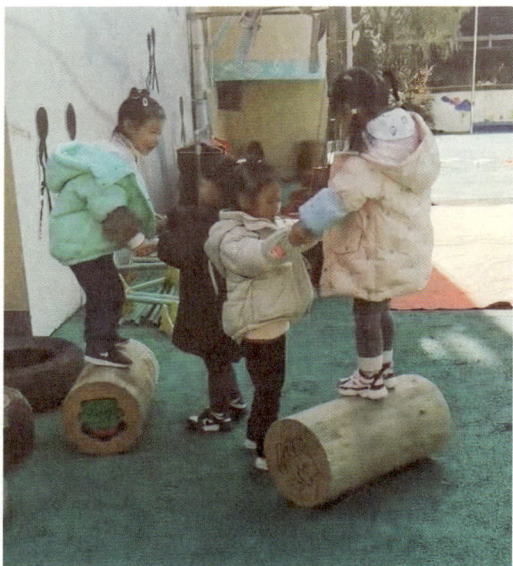

▲图 5-27　向小黑学习如何踩木碌

识别

▼幼儿正向的游戏意愿是他们坚持游戏的良好开端。游戏一开始,从幼儿们"手拉手,蹦跳着来到木磉游戏区"可以看出,小粉、小白、小绿有较强的游戏自主性,能够选择自己喜欢的游戏。小绿和小粉双人配合上木磉的动作,说明她们对木磉游戏的玩法有一定的观察基础或者经验。

▼在游戏中,出现了三个影响幼儿坚持游戏的因素:诱惑——别的游戏区好像更好玩,同伴建议换区玩;困难——站不稳,没有一次能坚持很长时间;干扰——中班孩子在旁边踩着木磉走来走去。面对这些影响因素,三个小班孩子呈现出了明显的不同:小白几乎是毫不犹豫地选择了去好像更好玩的畲娃秀场;小绿是心动想去了,但面对小粉再次挑战木磉的行为,她选择留下帮助小粉;而小粉则是不为所动,专注地重复练习着上木磉的动作。可见,受游戏意愿、已有经验及同伴游戏的影响,小班孩子的游戏坚持性有很大的个体差异。

▼随着年龄的增长,条件差异(身体素养、生活经验等)、外界影响(同伴互助、榜样引领等)对坚持性有着很大的作用。中班姐姐的主动示范、带领让三个女孩的游戏有了方向和希望——"我"也可以像小姐姐一样棒;同伴间的友好合作(两两互助)让单调的技能练习变得温暖而生动,愿意尝试用不一样的方法解决问题(用脚抵住木磉、用手扶住木磉),不惧困难和挫折,一次又一次地练习、巩固,直至成功。可见,重复的练习,是幼儿学会一项本领后的自发行动,而他们的动作发展也确实需要这样的反复实践。

回应

▼关注幼儿身体平衡能力的发展,增加走独木桥、踩高跷等活动,提高其身体协调性。从游戏过程中可以看出:小班孩子的肢体控制能力、身体协调能力都比较弱,因此教师可以增加户外锻炼、户外运动的次数,多组织相关练习。

▼基于观察的"不介入",留给幼儿自己尝试与探索的空间,让幼儿获得成功的机会。在自主游戏中,教师需要更细心地观察幼儿,识别幼儿的游戏,理解幼儿的游戏行为。在这次游戏中,教师没有介入,而是一直在一旁关注。正是这种"不介入",才给了小粉、

小绿足够的空间和时间进行观察、模仿，最终成功。

▼关注个体差异，确保游戏中幼儿的安全。踩木礤游戏对大多数小班幼儿来说难度系数较高。游戏中，教师要充分掌握幼儿的个体差异，对一些身体素养不足以参加踩木礤这一游戏的幼儿，要及时、重点关注，确保游戏中幼儿的安全。

（四）乡情游戏反思与推进

《指南》中建议"开展丰富多样、适合幼儿年龄特点的各种身体活动，如走、跑、跳、攀、爬等，鼓励幼儿坚持下来，不怕累""为幼儿准备多种体育活动材料，鼓励他选择自己喜欢的材料开展活动"。"野趣·畲游场"游戏重在让幼儿感受和体验畲族民间游戏、户外运动，以及集体互动的快乐，为此我们对游戏进行了不断的调整和改进。

1. 筛选游戏，优化玩法

畲族武术、跳竹竿、舞龙头、摇锅、操杠、舞铃刀、采柿子等游戏中，大部分游戏的器材都充盈着原生态的野趣，我们充分考量了游戏器材的"野"味、游戏内容的适宜性，以及游戏规则的设定，根据幼儿的年龄特点、游戏需求，选择了摇锅、"赶野猪"、木礤、采柿子、操杠这五项游戏内容，并对各游戏项目进行了难、中、易三个程度的内容改善和玩法优化，如将"赶野猪"游戏分为难——团体对抗（五人一组对抗赛）、中——同伴竞赛（过障碍"赶野猪"竞速赛）、易——个人游戏（"赶野猪"回笼）三种模式，幼儿可以根据个体差异选择开展不同难易程度的游戏。

2. 因地制宜，自然野趣

幼儿园户外场地开阔，但过于平坦，缺乏高度，于是我们充分利用园内大树、竹林等原生态的自然资源，打造"用竹杈抢柿子""跳跃摘柿子"的野趣游戏环境，增强了游戏的趣味性与挑战性。

畲游场游戏经历了多次的筛选取舍和实践调整。从游戏的不断开展中，我们看见了幼儿日益熟练的基本动作和逐渐提升的体能，而自主游戏的组织形式，也让幼儿有了更多愉悦的情绪体验、坚忍的意志锻炼和健康的心理状态。

三、美趣·畲艺坊

"美趣·畲艺坊"主题游戏旨在感受、体验和表达美趣。基于畲族绚丽多姿的民间艺术，结合畲乡人文社会中的艺术审美情趣，我们创设了"乐动山哈""畲族服饰""版画畲乡"等幼儿喜闻乐见的游戏项目，在丰富幼儿审美经验、激发幼儿创造想象力的同时，让幼儿在畲族民间艺术的浸润式游戏体验中，逐步萌发和建构传承、创新畲族民间艺术的情感和能力。

（一）环境创设与材料投放

环境创设

★**互动展示墙**：幼儿游戏照片、幼儿作品展示板，材料诉求板、游戏活动需求板。

★**乐动山哈**：表演舞台、服饰更换区、观赏席等。

★**畲族服饰**：材料桌、畲族服饰展示区、头饰制作流程图、作品展示板。

★**版画畲乡**：材料桌、版画（花草版画、拼贴版画、粉印版画等）制作流程图、版画成品展示板。

▲图5-28　乐动山哈游戏区　　▲图5-29　畲族服饰游戏区　　▲图5-30　版画畲乡游戏区

材料投放

★**定制材料**：塑料竹竿、竹脚架、畲族服饰、不同类型的演出服饰等。

★**自然材料**：树枝、花朵、石头、草药粉等。

★**废旧材料**：民族花布、纯色布袋、纯色棉布、发夹、各色布料等。

★**美工材料**：各色颜料、彩泥、记号笔、剪刀、彩纸、固体胶、双面胶等。

★**辅助材料**：音响音乐、自制布龙、畲带、KT 板、铁制发夹、针、线、胶枪、人形玩偶模特等。

▲图 5-31　乐动山哈游戏材料　　▲图 5-32　畲族服饰游戏材料　　▲图 5-33　版画畲乡游戏材料

（二）乡情游戏组织与指导

乐动山哈

● 游戏前

★**经验准备**：知道"山哈人"是畲民的自称，通过视频资料、畲乡文娱活动的日常见闻了解竹竿舞、布龙、畲歌等是畲族的传统艺术。

★**亲子共赏**：鼓励家长和幼儿一起通过视频或参与节庆日活动等熟悉竹竿舞的基本动作要领，欣赏畲歌伴奏下的竹竿舞，激发幼儿的表现欲，增强对竹竿舞的了解。

★**交流共享**：引导幼儿交流跳竹竿舞、舞布龙的经历，讨论竹竿舞和布龙的玩法。

★**寻访畲歌**：鼓励家长带幼儿走访会唱畲歌的乡民，听赏畲歌，感受韵律和节奏。

▲图 5-34　竹竿舞游戏

▲图 5-35　舞布龙游戏

◉ 游戏中

★ 鼓励和支持幼儿按照自己的意愿邀请同伴开展游戏。

★ 引导幼儿通过观察游戏区的示意图，准备表演的道具、服饰等。

★ 尊重和支持幼儿的艺术表现，鼓励幼儿在舞台上大胆地表演。

★ 关注艺术表现能力较弱的幼儿，欣赏和回应其哼唱、模仿表演等自发的艺术活动。

★ 根据幼儿的游戏情况，点对点地进行跳竹竿舞、舞布龙等基本动作的指导。

★ 拍摄留存幼儿表演的影像资料，以供幼儿游戏后的评价欣赏。

◉ 游戏后

★ 引导幼儿自主分类整理游戏材料，支持幼儿养成良好的习惯。

★ 以图片、视频等形式引导幼儿回忆、讲述游戏中的收获和困难，如跳竹竿和敲竹竿如何在开合的节奏上保持一致等，帮助幼儿寻找解决问题的方法，共享成功经验。

★ 组织幼儿对表演过程进行评价，并将幼儿的表演视频在班级中播放，一方面强化幼儿对艺术表演活动的兴趣和积极性，另一方面也鼓励更多的幼儿在游戏中大胆展现自我。

畲族服饰

◉ 游戏前

★ 走进畲乡：带领幼儿走进畲乡文创中心，欣赏畲族服饰、畲带的色彩、工艺、造型，丰富幼儿的审美感受。

★ 材料收集：和幼儿一起收集、准备游戏区的相关材料（畲带、各色布料等）。

★ 视频欣赏：引导幼儿观看畲乡的民族服饰展，感受现代民族服饰的设计。

★ 交流设计：引导幼儿设计不同的畲衣、畲帽及发饰等，并进行交流。

◉ 游戏中

★ 引导幼儿自主选择游戏材料开展游戏，鼓励幼儿大胆想象和自主创作。

★ 关注幼儿的操作过程，及时记录、了解幼儿的游戏水平，如幼儿在游戏中是否能进行自主设计、其设想是否能落实到作品中等，适时介入并丰富幼儿的游戏。

▲ 图 5-36 制作畲族服饰

★关注不同幼儿之间的个体差异，引导创作表现能力较弱的幼儿观察畲族服饰展示区和作品展示板中的畲族服饰及创作成品，支持幼儿模仿现实事物和艺术作品。

◉ 游戏后

★引导幼儿自主分类整理游戏材料。

★根据幼儿的游戏情况，以图片、视频、作品展示等形式引导幼儿对自己或同伴的操作过程和作品进行评价。

★引导幼儿通过"游戏故事"的记录（绘画、前书写等表征行为），分享交流游戏中的操作体验。

★将作品以展板或秀场走秀的形式进行展示，强化幼儿的获得感，丰富幼儿的经历。

版画畲乡

◉ 游戏前

★经验储备：通过"走进畲乡"活动，和幼儿一起实地感受畲乡的山水风光、建筑艺术，引导幼儿通过观察，了解畲乡景致，丰富幼儿的审美感受，激发幼儿的创作想象力。

165

★**分享交流**：引导幼儿回忆、分享畲乡的景、物、建筑等的色彩和造型。

★**材料收集**：和幼儿一起收集、准备游戏区所需的材料，如鲜花、草、树枝、野果等。

★**技能铺垫**：有版画创作的经验，引导幼儿通过观看视频，了解花草版画的制作流程。

◉ **游戏中**

★引导幼儿根据自己的设想，自主选择材料，通过剪、拼、敲等方式利用树叶和花朵创作花草版画。

★关注幼儿的操作过程，引导并帮助幼儿掌握花草版画的制作方法。

★引导幼儿创作"畲"主题的版画，并以提问、互动等形式帮助幼儿丰富创作内容。

★关注幼儿在创作过程中的创造性思维及落实创想的游戏能力，及时跟进。

★鼓励幼儿相互合作，如两两或多人合作，在棉布材料上创作长幅花草版画。

▲ 图 5-37 版画畲乡游戏

● 游戏后

★以图片、视频、作品展示等形式引导幼儿以自评、互评的方式进行作品及操作过程的评价。

★引导幼儿通过"游戏故事"的记录（绘画、前书写等表征行为），分享交流游戏中的操作和情感体验。

★引导幼儿自主整理操作材料，特别是对不能再次利用的材料进行垃圾分类。

（三）乡情游戏观察与分析

观察区域：版画畲乡

注 意

本期花草版画游戏区的主题是长卷画"畲乡的春天"，投放材料有幼儿收集的茶花花瓣、各种形状的树叶、不知名的各色花瓣等。

柠柠（戴发箍的女孩，中班）、潼潼（白衣女孩，中班）和小毅（棕衣男孩，中班）一起走了过来，一见花草便叫道："哇，好漂亮的花，我们玩这个吧。"

随后柠柠拿了一些茶花、树叶，说道："我要做小鱼。"然后蹲下身把一片茶花花瓣摆在了白布上，又挑了几片差不多大小的树叶，剪成长长的椭圆，叠在一起后将一头打开，变成扇形，把交叠的一头紧紧挨着茶花花瓣放了下去，她看了好一会儿，随后拿起透明胶带固定花瓣和树叶。只是她刚把树叶贴上，花瓣就因为被另一只手触碰到而移位了。尝试两次后，她看向了一旁在贴树叶的潼潼，说："潼潼，你帮我拿一下。"

在潼潼的帮助下，柠柠终于贴好了树叶和花瓣，她愉快地拿起锤子铛铛铛地敲起来，敲了一会儿后，又小心翼翼地撕掉透明胶带，然后用记号笔勾画轮廓，并在花瓣的部位添画了嘴巴和眼睛。完成后，她笑着对一旁正在操作的潼潼说："潼潼，你看我的小鱼漂不漂亮？"潼潼认真地看了看柠柠的"小鱼"，笑着说："漂亮！我也来试试。"一听这话，柠柠瞬间嘟起了小嘴："你怎么老是学我呀，你可以做别的。你看，小毅做了蝴蝶。"潼潼一愣，安静地蹲在一旁没有说话。

167

▲图5-38 创作"畲乡的春天"主题花草版画

老师看到了，问："潼潼，你在做什么呀？"潼潼看了看地上的"小鱼"，仍旧没有说话。老师鼓励着说："想做什么就做，不会的可以找小朋友或者老师帮忙哦。""她想跟我一样做小鱼，我不想她跟我一样。"柠柠说。"那你可以做和柠柠不一样的小鱼呀。想一想，小鱼还有什么样子的，做一条更漂亮的。"老师耐心引导着。潼潼这才抬起头，选择了一些树叶和花瓣，完成了她的"小鱼"作品。

识 别

▼游戏区材料的更新与调整，能激发幼儿的游戏兴趣。

▼柠柠、潼潼、小毅一起到游戏区各自做花草版画，相互之间偶有对话和交流，可见从幼儿在游戏中的社会性参与水平来说，这三名中班幼儿处于结伴游戏的水平。此外，柠柠性格开朗活泼、语言表达能力较强，在活动中能够主动地与同伴、老师进行交流，其社会交往能力明显高于潼潼和小毅。

▼从柠柠挑选花瓣、树叶到剪、贴、敲打，再到描画线条，可见该幼儿对花草版画的创作流程非常熟悉。此外，柠柠在挑选材料后说"我要做小鱼"，也说明该幼儿有较强的自主、计划意识，其想象力和生活经验较为丰富。

▼潼潼在遭到柠柠的反对时，"安静地蹲在一旁没有说话"，这说明该幼儿有创作

的意愿但缺乏必要的感知经验，教师的介入正是保护了幼儿的创作兴趣。此外，教师不断的鼓励、指导也让幼儿最终获得了成功的体验。

回 应

▼游戏是生活的再现，教师是幼儿游戏的引导者、合作者。一方面，教师要放手让幼儿去探索、发现；另一方面，教师要给幼儿创设一定的生活情境，提供丰富的材料，这样才能最大限度地激发幼儿的积极性。

▼教师的指导是对幼儿自发表现的支持，即当幼儿在表现中遇到问题和困难时，帮助幼儿满足他们自我表现的需要。如适当的介入，针对幼儿出现的"不敢动手"的情况，作为老师的我们，应该给予引导与帮助，和幼儿共同完成一幅作品，让幼儿觉得自己也能行。

▼对于不同幼儿表现出的游戏行为，教师应根据个体差异给予不同的支持，鼓励、帮助审美经验不足的幼儿大胆展现自己的想法。

▼在进行主题创作时，幼儿的作品表现单一，且有模仿行为。一方面，教师可以带领幼儿开展"寻春访春"活动；另一方面，教师可以鼓励家长开展"户外踏青"活动，让幼儿走进畲乡、走进自然，在真实的情景中感知真实事物，并由此积累起丰富的感知经验，从而启发幼儿的创作灵感。

（四）乡情游戏反思与推进

在"美趣·畲艺坊"主题游戏的开展过程中，我们紧紧围绕《指南》艺术领域的目标和教育建议，在游戏的各个阶段为幼儿提供自由发现、自在探索和自主表现的机会和平台，从而实现幼儿"感受美、欣赏美、创造美"的需求。

1. 自由发现——身边自然之美

《指南》中建议"创造机会和条件，支持幼儿自发的艺术表现和创造"。为了给幼儿提供审美感受的机会，我们通过"走进畲乡"系列活动和亲子采风等活动，尽可能多地让幼儿亲近自然，接触社会生活和艺术场馆，以此让幼儿有更多发现美、感受美的机会，从而在宽松的氛围中自由地去体验、欣赏身边美的事物。

2. 自在探索——畲乡人文之美

在幼儿发现身边的美的同时，我们会有意识地引导幼儿关注、感受、探索事物的表象及其内在，如：竹竿舞的基本动作及其动作变化所表达的人物情绪；畲族服饰的色彩、形状等形式元素，以及其所表现出的对称均衡、多样统一等样态美；凤凰图腾的形象、色彩表现及其相关的传说故事，畲民们蕴含其中的情感态度……这是一个有趣而又循序渐进的过程，我们充分尊重幼儿自主的感知想象与自我的欣赏表现。

3. 自主创作——畅想表现之美

一方面，在幼儿自主表达创作的过程中，教师会注意了解并倾听幼儿艺术表现的想法或感受，当幼儿主动介绍自己的竹竿舞或工艺品时，能耐心倾听并给予积极的回应和鼓励。另一方面，注重为幼儿提供多样化的艺术表现工具和材料，除常规艺术创作材料外，教师还提供了长卷白布、橡胶锤、花草等简单、鲜活的素材，刺激了幼儿的操作欲望，引发了幼儿开展艺术活动的兴趣，给予了幼儿充分的想象空间。

在满载畲族元素的艺术体验游戏中，幼儿和畲族民间艺术互动，尽情表现内心积极的情绪体验，表达自己对民间艺术的理解和创造。

（作者：吴英娟　马小吉　商鹏燕　徐　芬）

第六章

依依古村韵：『回味深澳』游戏

桐庐县江南幼儿园教育集团深澳园区位于江南古村深澳村。这里是中国历史文化名村，行走在古村落间，盘错交叉的小巷、高耸的马头墙、古老的门窗，无声讲述着这里数百年的风雨。

社会资源：深澳老街，百余幢明清时期古建筑错落有致，街上有扎染、烙葫芦、剪纸、茶艺和画室等手工艺体验店。由古建筑演变而来的民宿，如"云夕里"等名声在外。

文化资源：大塘里是村里的祠堂所在地，与附近的古建筑、长廊和荷花塘等一起形成了富有历史韵味的古迹。古村沿用千年前的地下古水系，"澳"即水渠，深藏地下的水渠即"深澳"，深澳村因此得名。

自然资源：乡村景色秀丽，古村周边山峦叠翠，自然景观众多，与富春江咫尺相望。

▲ 图6-1　深澳古村风情

173

深澳古村以它古老而独特的底蕴滋养着幼儿，丰盈了幼儿的生活。这些幼儿熟悉的深澳老街上的民宿、店铺等，都成为乡情体验游戏的来源。

预期目标

1. 感知深澳古村的老街、祠堂和古屋民宿等独特建筑，探索地下水系"深澳"的奇妙，并在游戏中自发生成与这些内容相关的游戏。

2. 在游戏中能自主大胆地利用环境、材料与同伴积极互动，用自己喜欢的方式演绎自己眼中的老街，体验挖"澳"的快乐，建构心目中的家乡。

3. 感受游戏带来的真体验和真快乐，进一步深入感受对古村的认知，在为古村祖先的劳动智慧骄傲的同时，萌发爱家乡的情感。

一、深澳老街染坊

深澳老街上有许多手工作坊，其中有一间传统而独特的民间染色工艺坊，艳丽的色彩和神奇的图案变化对幼儿产生了强烈的吸引力，"深澳老街染坊"游戏主题由此而生成。该游戏主题下共设置了"古韵扎染""敲染之乐""彩笔晕染"三个游戏区，支持幼儿通过敲、画、滴、喷等多种方式大胆尝试，自主体验各种染色艺术，感受古村劳动人民的智慧，并享受动手创作的乐趣。

（一）环境创设与材料投放

环境创设

★**古韵扎染**：扎染的作品展示（围巾、手帕、衣服等）、毛竹、麻绳展架、旧门板展板、旧门板操作台、扎染步骤示意图。

★**敲染之乐**：敲染作品展和留白展架、石头操作台、敲染步骤示意图。

★**彩笔晕染**：彩笔晕染作品展和留白展架、操作台、彩笔晕染步骤示意图。

▲图 6-2　古韵扎染游戏区　　▲图 6-3　敲染之乐游戏区　　▲图 6-4　彩笔晕染游戏区

材料投放

★ **自然材料**：花朵、树叶、石头等。

★ **废旧材料**：酒精、罐子、小板凳、旧桌子、旧轮胎等。

★ **美工材料**：白布、棉布、水彩笔、染料、喷壶、绣绷等。

★ **自制材料**：晾晒架、竹棍、漏盆、丙烯喷染颜料等。

★ **辅助材料**：牛筋、扎带、锤子、滴管、夹子、麻绳、儿童衣架等。

▲ 图 6-5　古韵扎染游戏材料　　▲ 图 6-6　敲染之乐游戏材料　　▲ 图 6-7　彩笔晕染游戏材料

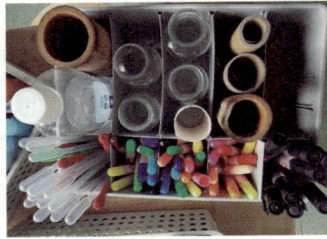

（二）乡情游戏组织与指导

古韵扎染

● **游戏前**

★ **参观体验**：通过教师组织幼儿参观或亲子体验等方式，让幼儿走进老街染坊实地参观，欣赏扎染的艺术作品，感受扎染的独特魅力。

★ **经验准备**：通过视频欣赏、体验操作等形式帮助幼儿了解扎染的基本流程和扎染的基本方法，帮助幼儿形成和巩固扎染的操作经验。

★ **角色招募**：招募古韵扎染区管理员，明确其工作职责。

● **游戏中**

★ **关注幼儿的创作方式**：是大胆创新自主创作，还是依托成品模仿制作，是独立创作，还是与同伴合作进行扎染，注意幼儿的个体差异性。

▲图6-8　走进老街染坊

★关注幼儿的创作能力：扎染时能使用适当的材料创作造型丰富的作品，支持幼儿在熟练扎染方法的基础上创新扎染表现方式和扎染主题。

★关注扮演管理员的幼儿的行为：能否主动为其他幼儿提供帮助和服务，树立管理员的管理意识和责任意识。

● 游戏后

★材料整理：关注幼儿自主收纳整理材料的情况，注意管理员的提醒和监督行为。

★作品评价：组织幼儿说一说自己的创作想法，请同伴互相交流对扎染作品的感受，评出"我最喜欢的扎染作品"，并引导幼儿从材料、内容和色彩等方面说一说自己选择的理由。

★作品再创作：启发幼儿运用扎染的作品进行二次创作，如在扎染的基础上制作扎染花朵、扎染发箍扎染发卡等。

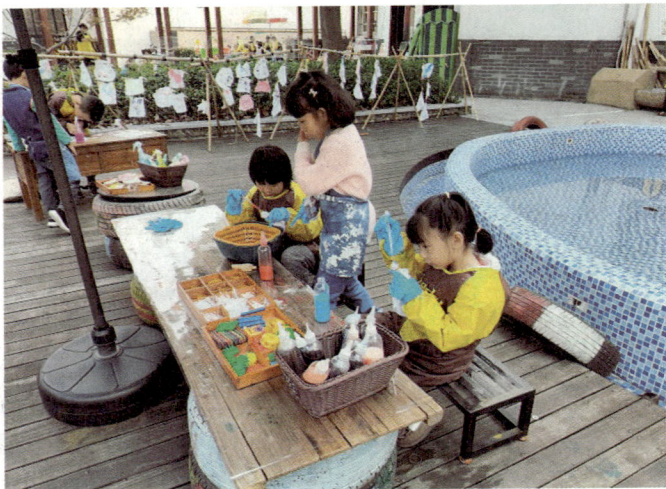

▲ 图 6-9　古韵扎染游戏

敲染之乐

◉ 游戏前

★ **经验准备**：组织幼儿欣赏敲染的创作视频，了解敲染的操作工具和材料，如敲染锤、鹅卵石等；帮助幼儿了解敲染的操作流程，为游戏做好充分的经验准备。

★ **材料讨论**：师幼探讨敲染材料的适宜性，启发幼儿思考什么材料可能会敲出颜色，并组织幼儿一起收集相关材料，丰富游戏操作性。

◉ 游戏中

★ **关注幼儿敲染材料的选择**：能充分利用身边的自然资源进行敲染，如花、草、树叶等，并能发现不同材料敲染效果的差别，会选择深色等易上色的材料进行操作。

★ **关注幼儿敲染技巧的掌握**：按照基本的敲染流程进行操作，敲染前根据材料的形状、颜色等特征进行自主摆放，并且能敲染均匀。

★ **关注幼儿敲染内容的创作**：敲染前有构思，根据幼儿敲染水平的差异性进行有针对性的观察指导，对于能力强的幼儿鼓励其创作有主题的敲染作品，能力弱的幼儿则可以借鉴其他作品或与同伴合作创作。

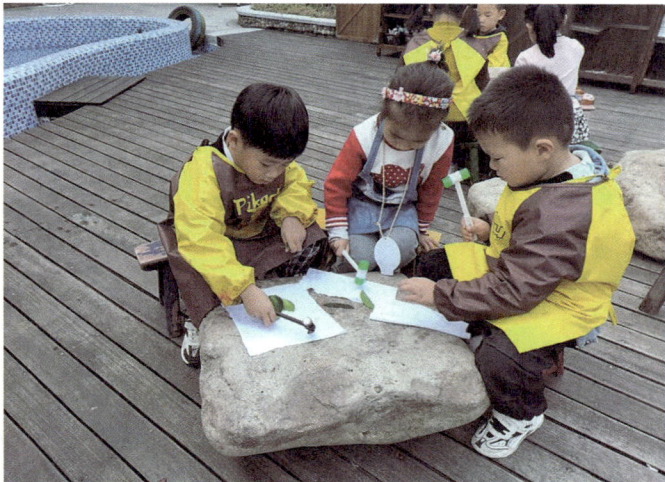

▲ 图 6-10　敲染之乐游戏

◉游戏后

★材料整理：关注管理员及其他幼儿整理材料的习惯和能力，能将成品与半成品分类摆放或进行展示。

★作品评价：组织幼儿从敲染的材料、色彩和内容等方面分享自己的作品，并谈一谈自己的发现；组织幼儿对他人作品进行评价，选择喜欢的作品并说明理由。

彩笔晕染

◉游戏前

★经验准备：组织幼儿欣赏彩笔晕染的视频及相关作品，了解彩笔晕染的材料及创作方式，感受酒精晕染色彩变化的神奇，激发幼儿对游戏的兴趣和好奇心。

★安全教育：引导幼儿了解酒精在活动中的作用，并提醒幼儿使用酒精时要少量多次，做好安全教育工作。

◉游戏中

★关注幼儿的晕染水平：鼓励幼儿选择喜欢的颜色、材料大胆创作。引导能力较强的幼儿自主创作，并鼓励其尝试难度更高的晕染方式，如渐变色的晕染；引导能力较弱的幼儿掌握晕染的方法。

★**关注幼儿的晕染方法**：引导幼儿根据不同材料的属性选择适当的工具进行晕染，如在纸巾或白纸上可以用毛笔蘸水晕染，在布织材料上可以用酒精晕染。

★**关注幼儿的晕染内容**：考虑幼儿的个体差异，引导能力较强的幼儿自主设计和创作晕染作品；引导能力较弱的幼儿通过师幼合作、幼幼合作共同设计内容，或以模仿借鉴等方式进行创作。

▲ 图6-11　彩笔晕染游戏

● **游戏后**

★**材料整理**：关注管理员及其他幼儿整理材料的习惯和能力，能将半成品与操作材料分类摆放，与同伴合作清洁环境。

★**作品展示**：关注幼儿作品的展示，如利用纸箱、网格架和麻绳等在不破坏作品的前提下进行多样化的展示，进一步表现晕染作品的美。

★**作品评价**：组织幼儿向同伴分享自己的作品，对同伴的作品进行评价，并以送贴纸的方式选出"最美晕染画"，将其张贴在最美作品墙上，供幼儿欣赏。

（三）乡情游戏观察与分析

观察区域：彩笔晕染

注　意

在"深澳老街染坊"系列乡情游戏中，幼儿对易操作、趣味化的彩笔晕染十分感兴趣。

今天，晨晨和洋洋选择在白布上进行晕染创作。晨晨将白布包在瓶口处，并用皮筋把布圈住固定。他拿起绿色水彩笔在布上画了一个小圆点，然后用滴管吸了酒精滴在小圆点上，随后解开纱布，绿色圆点随着酒精逐渐晕染开来。

他独自欣赏了一会儿，把布拿给洋洋看："你看，这是我画的绿泡泡。"被打断创作的洋洋看了一眼没出声，又继续投入自己的创作。见洋洋没有说话，晨晨又问："你画的是什么？""我想做一朵小花。"此时的晨晨被洋洋所吸引，开始看洋洋画画。

跟晨晨不同的是，洋洋先在白布上画了一个黄色的圆心，然后又用红色笔在圆心外涂了一个大圆圈，再滴上酒精将彩笔晕染开，这时白布上仿佛开出了一朵花。接着，洋洋又画了花茎和叶子，还用记号笔画出了花蕊。

洋洋画完后，一直在旁边看着的晨晨发出了惊叹："你的画真好看啊，能教一下我吗？"

于是，洋洋跟晨晨示范了自己是怎么画的，两个人一起合作，用彩笔晕染加添画的方式，在白布上又创作了一朵漂亮的小花。

识　别

▼从幼儿的操作过程中可以看出，两个幼儿基本掌握了彩笔晕染的制作方法，并且都能专注而投入地进行创作。由此可见，彩笔晕染游戏区的材料和游戏方式是满足幼儿的发展需要和创作兴趣的。

▼晨晨在活动时，能够将前期习得的彩笔晕染的经验延伸到创作中，并能认真地进行操作，还会主动向同伴介绍自己的作品；但从游戏中也发现，晨晨的创作水平较低，只会简单的晕染操作，但他会主动向同伴学习，会认真地持续观察。显然，彩笔晕染游

戏的有趣性点燃了他主动尝试、探索的兴趣。

▼洋洋在活动中表现出了专注认真的学习品质。虽然中途被同伴的介绍打扰，但洋洋并没有受到干扰，能继续专注地投入自己的操作。显然，洋洋沉浸在艺术创作时很有自己的想法，会大胆创新，能在晕染的基础上进行创意添画，丰富了晕染作品的表现形式。

回 应

▼提供多样化的晕染作品，丰富幼儿对彩笔晕染的认知经验，创设充分体验、大胆创造的环境，激发幼儿的创作动机和兴趣。

▼教师应支持并鼓励幼儿创新彩笔晕染的创作方式，发挥幼儿的主观能动性，引导幼儿尝试用自主创作与小组合作相结合的方式进行创作，丰富晕染作品的形式和内容。

▼重视游戏的评价，综合运用师评、互评及自评的方式，帮助幼儿习得更多的晕染创作方法；同时注重发挥同伴的榜样作用，既能发挥同伴互学的作用，又能促进与同伴的交往。

（四）乡情游戏反思与推进

"深澳老街染坊"游戏主题选择了深澳老街上的染坊作为游戏的源点。在扎染活动中，幼儿在直接操作中感受着颜色的神奇变化，体验着艺术的魅力，享受着劳动的喜悦。

1.丰富染料的来源途径

在扎染游戏中，染料的用量很大，如果只是购买现成的染料会导致来源的单一性。生活中的蔬菜、水果、农作物和花草树木等都有不同的颜色，都可以转变成"染料"。因此，游戏前教师可以组织幼儿利用自然材料，一起探索和提取各种颜色的染料，拓宽幼儿的生活经验，提升幼儿的创作兴趣。

2.投入生活用品材料

每次的扎染活动都会用到许多材料，因此材料的丰富性是游戏拓展的保障。生活中的衣物用品有很多，如白衣服、白袋子、白围巾和白手套等，这些材料用来扎染更具巧妙性、艺术性，不仅能给生活添彩，更能激发幼儿用多种工具、材料或不同的表现手法表达自己的感受和想象，体验成功的喜悦。

3. 扩大游戏操作空间

教师可为幼儿提供更大的操作台面，方便幼儿游戏时摆放颜料，也可以鼓励幼儿自主利用合适的场地开展游戏，满足两人以上的组合扎染操作等。

"深澳老街染坊"游戏开拓了幼儿的视野，陶冶了幼儿的情操。在尝试与探索中，幼儿不断用自己的方式大胆创新，让古村的传统艺术文化在幼儿手中延伸。

二、深澳老街画廊

深澳老街上时常会有学生、画家前来写生创作，给老街带来了浓郁的艺术气息。幼儿们穿梭在老街嬉戏时，总会前往驻足欣赏，并有动手玩一玩、画一画的欲望。幼儿正处于艺术和审美发展的初级阶段，绘画形式表现为涂鸦，这是艺术高水平发展的源泉。为此，"深澳老街画廊"游戏主题设置了"黑板涂鸦""瓷砖写意""创想写生"等游戏区，支持幼儿利用各种材料装扮画廊，让幼儿在自主、自由的轻松氛围中表达艺术、创造艺术。

（一）环境创设与材料投放

环境创设

★黑板涂鸦：不同大小的黑板、不同颜色的粉笔。

★瓷砖写意：长长的瓷砖墙面，瓷砖墙上装有水管和总阀门，可便于清洗瓷砖，瓷砖墙底部铺设一条专门的排水沟；各种颜料、画笔。

★创想写生：包着塑料薄膜的廊柱，廊柱上贴有薄膜作品，画架，写生作品展示墙。

▲图6-12 黑板涂鸦游戏区　　　　▲图6-13 瓷砖写意游戏区　　　　▲图6-14 创想写生游戏区

材料投放

★**自然材料**：树叶、松果、贝壳、砖瓦、石头等。

★**废旧材料**：矿泉水瓶、光盘、废旧纸筒、废旧小汽车、废旧摇摇鱼、废旧木块等。

★**美工材料**：纸板、保鲜膜、油画框、亚克力画框、画笔、水粉颜料、丙烯笔、丙烯颜料、水桶、刷子、调色盘、粉笔、绘画操作台等。

★**辅助材料**：美纹纸、画架、推车置物架、小凳子等。

▲图6-15 瓷砖写意游戏材料

▲ 图 6-16　黑板涂鸦游戏材料

▲ 图 6-17　创想写生游戏材料

（二）乡情游戏组织与指导

黑板涂鸦

● 游戏前

★经验准备：组织幼儿走进老街，欣赏老街的风貌，感受老街的艺术气息；欣赏画家写生的视频或实地观看画家写生，丰富幼儿写生活动的经验。

▲ 图 6-18　走进深澳老街

★**认识工具**：组织幼儿观察、认识常用的美术工具和材料，了解美术工具和材料的主要功能。

★**游戏计划**：引导幼儿思考讨论创作的内容，明确创作主题。

◉ **游戏中**

★**关注不同年段幼儿的互动情况**：引导"大带小"合作涂鸦，注意涂鸦时工具的正确使用。

★**关注幼儿的涂鸦水平**：鼓励幼儿大胆、自主地选择材料进行涂鸦创作，引导能力强的幼儿在涂鸦时有自己的创作主题和内容，对于随意涂画的幼儿予以适时引导，及时理解幼儿的想法，给予技能、内容等方面的支持。

★**关注幼儿的创作行为**：观察幼儿是自主、独立地创作，还是处于模仿学习的阶段；是单独创作，还是与同伴合作完成。

◉ **游戏后**

★**材料整理**：关注幼儿整理材料的习惯和能力，引导幼儿分类整理作画工具。

★**游戏评价**：组织幼儿现场欣赏自己和同伴的作品，说一说涂鸦的内容及下一次的作画计划。

★**作品留痕**：将涂鸦作品打印成图片并张贴在涂鸦欣赏区，供幼儿交流欣赏。

▲ 图6-19 黑板涂鸦游戏

瓷砖写意

◉ 游戏前

★ **经验准备**：日常生活中带领幼儿进行写意活动，在引导幼儿熟悉调色、创作和洗盘等基本操作的同时，帮助幼儿积累玩色、混色的经验。

★ **认识工具**：带领幼儿到瓷砖画区认识各种作画工具，了解作画工具的用途、调色方法和使用要求等。

◉ 游戏中

★ **关注幼儿的互动水平**：关注同伴间互相帮助穿、脱倒背衣的行为，引导幼儿遇到问题时能使用文明用语主动寻求帮助，关注幼儿自主解决问题的能力。

★ **关注幼儿游戏的投入度**：观察幼儿对操作材料是否感兴趣，能自主选择喜欢的材料进行写意；作画时具有一定的专注力，能持续进行操作。

★ **关注幼儿写意的内容及技巧的运用**：能够根据瓷砖的特性选择适当的材料和工具进行创作；有一定的创作主题和内容，对于随意涂画的幼儿适时给予必要的指导。

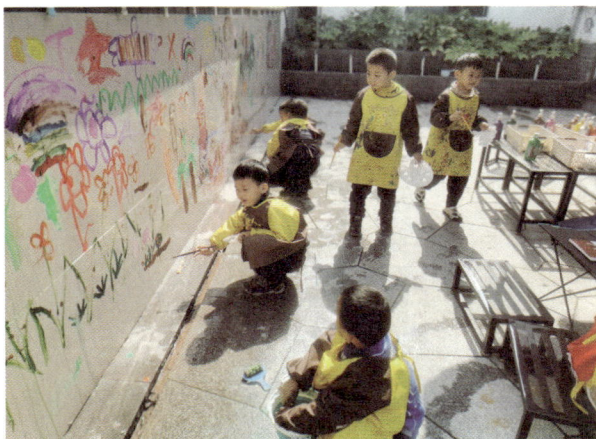

▲ 图6-20 瓷砖写意游戏

◉ 游戏后

★ **材料整理**：关注幼儿整理材料的习惯和能力，引导幼儿分类整理作画工具，同伴间互相合作脱下倒背衣放回原位。

★**游戏评价**：利用图片、视频等方式将幼儿的作品和操作过程记录下来，并根据游戏行为组织幼儿进行有针对性的讨论分析，梳理幼儿的写意经验，提升幼儿的写意水平。组织幼儿介绍自己的写意想法及作品，投票选出"最美瓷砖写意画"，评选"写意小达人"。

★**作品留痕**：将瓷砖写意作品打印成图片并张贴在写意欣赏区，供幼儿交流欣赏。

创想写生

◉ **游戏前**

★**经验准备**：组织幼儿欣赏薄膜作画的视频和作品，了解薄膜作画的新形式和特点，建立对薄膜作画的认知。

★**了解材料**：了解认识薄膜的特性，并组织大班幼儿通过合作的方式在适宜的场地（柱子间、树之间）贴薄膜。

◉ **游戏中**

★**关注幼儿薄膜作画的情况**：引导幼儿根据薄膜的特性选择适宜的材料和工具进行创作，引导幼儿发现薄膜作品的两面性，关注幼儿用笔的力度和作画技巧的掌握。

★**关注幼儿的写生水平**：引导幼儿在仔细观察写生物体特征的基础上，用线条与单色块再现事物的美感。关注个体差异，引导能力较强的幼儿在写生时表现出物体的外形特征、内容结构和大小比例等；引导能力较弱的幼儿熟练掌握写生的技巧，并能表现事物的外形特征。

★**关注幼儿游戏的投入度**：关注幼儿是否对薄膜作画感兴趣，能自主选择自己喜欢的材料和事物进行写生；写生时具有一定的专注力，能持续进行操作。

◉ **游戏后**

★**材料整理**：关注幼儿整理材料的习惯和能力，引导幼儿分类整理作画工具。

★**作品评价**：组织幼儿进行现场作品展示与分享，交流自己的写生想法，谈一谈对他人作品的感受。在交流欣赏的基础上，组织幼儿选择一幅喜欢的作品进行贴纸奖励，评选出"最美写生画"。

★作品留痕：将写生作品打印成图片并张贴在写生作品欣赏区，供幼儿交流欣赏。

▲图6-21 创想写生游戏

（三）乡情游戏观察与分析

观察区域：创想写生

注 意

片段一：梦梦在挤颜料时不小心把颜料挤到了地上，她连忙将调色盘放好，跑到水杯架旁准备拿纸巾去擦。管理员莎莎看到后对她说："你颜料挤得太多了，这么多的颜料都浪费了。"梦梦低着头想了想说："那我直接用地上的颜料画吧。"随后就把画架和调色盘都移到了地上的颜料旁，拿起笔用地上的颜料在旁边的空地上画画……

片段二：梦梦见画架上没有画纸，她询问老师："老师，我想画在白纸上，白纸在哪里？"还没等老师回应，她仿佛想到了什么，又立即说："我去找管理员，他知道白纸在哪里。"于是她向管理员跑去，管理员很快就把白纸拿给了她。于是，梦梦继续在纸上创作。

识 别

▼从以上两个游戏片段可以看出，管理员莎莎非常清楚自己的职责，并在行为中体现出来。第一，有一定的管理意识和行为，如当小朋友挤太多颜料时，她会及时提醒要节约用颜料。第二，有一定的服务意识和行为，如为找不到材料的小朋友提供服务，递上材料。这些行为展现了幼儿一定的生活经验，显示了其较好的社会性发展水平。

▼从梦梦的游戏行为可以看出她是一个思维灵活、反应较快的孩子。当颜料不小心被挤到地上后，她马上会想到用纸巾去擦；当管理员认为擦掉太可惜了之后，她立刻又想到直接用地上的颜料来画，既解决了颜料浪费的问题，又灵活运用了场地，显示了独特的灵活性和创造性。同时，梦梦在遇到没有纸的情况时能主动寻求管理员帮忙，这些行动都显示出她能接纳别人的想法，有主动解决问题和主动寻求帮助的能力。

回 应

▼管理员的角色在区域游戏中会起到非常重要的作用，这个角色能使区域游戏正常且有秩序地开展，而且还能促进幼儿管理能力的提升。教师在评价游戏内容的同时还应评价管理员的相关内容。

▼在游戏的开始阶段，管理员的角色可以通过竞聘的形式应聘上岗，并在一段时间内持续扮演。在管理员熟悉管理内容，有了一定的管理经验之后，再让幼儿自主选择游戏角色，是当管理员还是扮演顾客（因为此时的管理员和顾客都在游戏过程中了解和熟悉了游戏内容、角色经验）。

▼当幼儿遇到问题时，教师一定要管住嘴、手、脚，观察幼儿解决问题的方式和能力，鼓励和支持幼儿用自己的方式解决问题。

（四）乡情游戏反思与推进

艺术源于生活，深澳老街上的艺术氛围在日常生活中无形地浸润着幼儿，点燃了幼儿的创作欲望。因此，幼儿园的"深澳老街画廊"游戏给了幼儿充分的艺术体验与创造的机会，满足了幼儿当小小艺术家的愿望。

1. 环境巧设

"深澳老街画廊"游戏的空间场地大、物品种类多，既有让幼儿随处架画架写生创作的空间与场地，又有廊亭、瓷砖墙、黑板和画架等物件工具，而且水池用青砖砌成，既有乡村古韵的特点，又方便幼儿清洗。这些元素的巧妙综合利用，凸显了游戏场地的古韵美，呈现了独特的艺术场景，能支持和满足幼儿多种形式的创作表达。

2. 教师支持

整个"深澳老街画廊"游戏是混龄游戏。老街画廊设立管理员一职，让已有丰富经验的大班幼儿带领小班、中班的幼儿进行游戏，通过幼幼互动共同推进游戏的发展。而教师应该在平常的学习生活中引导幼儿去欣赏、感受、表现一些美好的事物和画作，让幼儿在欣赏优秀作品的同时提升他们对于美术作品的感受和理解，从而提高艺术表现水平。

3. 家园合作

乡情游戏需要幼儿有丰富的生活经验积累。家长经常带幼儿走进老街参观一些画室，走进野外欣赏自然之美，可以陶冶幼儿的情操，丰富幼儿的经验和对美的感受，助推幼儿对家乡的审美认知。家园合作中家庭也是游戏材料有力的提供者，农村丰富的自然材料、家里的废旧老物件，都可以通过家长的支持源源不断地被带到幼儿园，以支持幼儿拓展审美体验。

▲ 图 6-22　认真投入地创作

三、"云夕里"农家乐

深澳村作为浙江省最美村落、国家级历史文化名村，白墙黛瓦处处散发着浓郁的乡土文化气息。由古建筑改造而成的民宿"云夕里"，融合了传统与现代艺术，名声在外，深澳娃也无人不知晓。"云夕里"农家乐主题游戏设有"云夕厨房""云夕餐厅""云夕游乐场"三个游戏区，不仅为幼儿自由探索、自主体验农家乐生活提供了可能，更传承、发扬了江南古村落独特的乡村文化。

（一）环境创设与材料投放

环境创设

★ 云夕厨房：农家味的土灶、农家灶间环境、厨师服饰、服务员服饰等。

★ 云夕餐厅："云夕里"门头、具有农家味的青花桌布等。

★ 云夕游乐场：粗麻绳搭建的溜索区、帐篷小屋、造型各异的玩具等。

▲ 图 6-23 云夕厨房游戏区　　▲ 图 6-24 云夕餐厅游戏区　　▲ 图 6-25 云夕游乐场游戏区

材料投放

★ 自然材料：柴火、树叶、番薯、花生、板栗、木桩、木板、麻绳、南瓜、玉米、各种豆子等。

★废旧材料：轮胎、锅、碗、盆、锅盖、锅铲、勺子、塑料刀具、砧板、菜篮子、水壶、桌子、椅子、火钳等。

★美工材料：青花布等。

★自制材料：辣椒挂串、大蒜挂串、玉米挂串、竹架子、竹桌子、竹椅子等。

★辅助材料：帐篷、索道、吊环、摇摇马、攀爬网架等。

▲图 6-26 云夕厨房游戏材料①

▲图 6-27 云夕厨房游戏材料②

▲图 6-28 云夕餐厅游戏材料

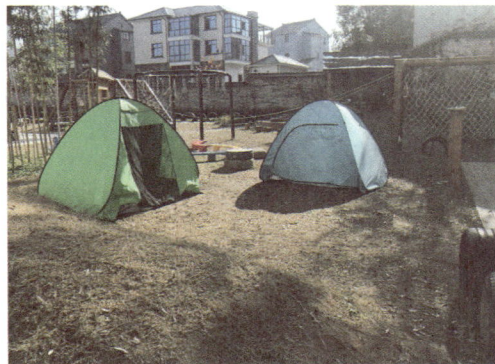

▲图 6-29 云夕游乐场游戏材料

（二）乡情游戏组织与指导

云夕厨房

● 游戏前

★ 经验准备：请家长带幼儿走进厨房，为其介绍相关的厨房设施、工具及其使用方法，通过实地观摩、线上视频等途径丰富幼儿关于厨房备菜、洗菜、炒菜、煮菜和煮饭的一系列生活经验。

★ 制订计划：引导幼儿根据厨房材料，运用图文结合的形式事先想好要做的菜，包括需要的材料、搭配种类和制作方法等，为游戏开展制订计划。

● 游戏中

★ 关注幼儿在厨房中的角色分配：引导幼儿能够根据自己的角色分工进行有组织的游戏，明确自己需要做什么，具有初步的合作意识和合作能力。

★ 了解幼儿现有的能力：鼓励幼儿结合已有经验和环境中的提示按常规步骤准备饭菜。当幼儿遇到困难时，教师可以以亲戚或朋友的身份进行指导。

★ 观察幼儿的节约意识和垃圾分类意识：引导幼儿在备菜时根据人数进行准备工作，能结合已有经验知道吃多少准备多少，不浪费食物。在进餐后能进行垃圾分类，具有一定的节约和卫生意识。

● 游戏后

★ 材料整理：运用"电话邀约外出游玩"的形式提醒幼儿结束厨房游戏，引导幼儿将材料分类摆放，归放回原位，有破损的材料及时修补或者视情况处理。

★ 分享交流：运用提问"你今天扮演的是什么角色？做了哪些事？"等引导幼儿进行自我分享；同时，运用视频、照片回看的形式引导幼儿尝试评价他人的行为，在发现中积累更多的厨房活动经验。

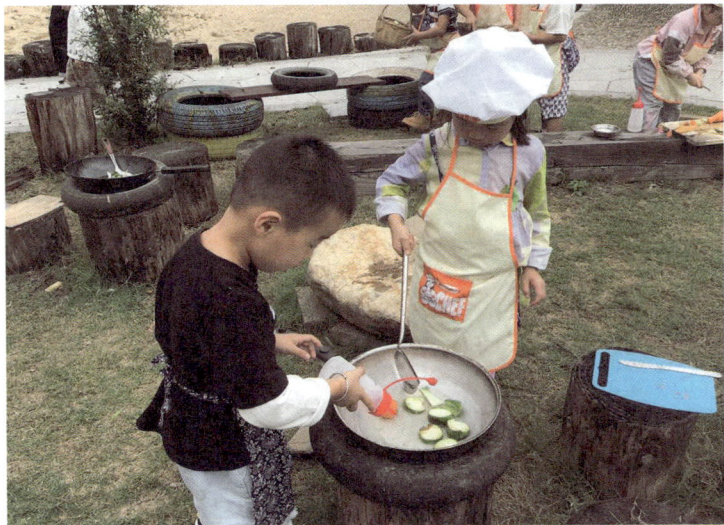

▲图 6-30　云夕厨房游戏

云夕餐厅

◉ 游戏前

★ **经验准备**：通过观看视频、集体讨论和亲子实地观摩等方式让幼儿走进各类餐厅，了解餐厅里的工作人员，学习厨师、洗碗工、服务员、收银员、顾客等的角色语言和角色行为。

★ **人员招募**：做好厨师、服务员、收银员等工作人员的招募工作，请当天的厨师运用前书写的形式发布招募公告，做好人员的安排。

◉ 游戏中

★ **关注幼儿的扮演意识和语言表达**：鼓励幼儿在扮演角色时使用礼貌用语，如服务员对顾客说"请用"，收银员在收银时说"谢谢下次光临"，顾客点菜时说"我需要……谢谢"，等等。

★ **关注幼儿的扮演能力**：及时引导幼儿根据自己的角色做出相应的行为，提升相关能力，如厨师利用厨房材料的能力、服务员收拾桌面的清洁能力、收银员找零的能力等。

★ **了解幼儿的应况需求**：幼儿在进行餐厅活动时，若遇到材料上的困难，教师可以引导幼儿到美工区等其他区域获得材料，解决困难。

◉ **游戏后**

★ **材料整理**：让餐厅工作人员将餐厅"正在营业"牌换成"营业结束"牌，利用背景音乐的快慢提示幼儿将材料进行分类和归位，用语言引导幼儿一起大扫除。

★ **交流评价**：引导幼儿回忆角色经历，说一说自己做了什么，是怎么做的，如厨师烧了什么菜，是怎么烧的，服务员在顾客点菜时是怎么记录的，等等。鼓励幼儿认真倾听同伴的经历，谈谈自己的想法，在不断互动交流中获取餐厅游戏的多方经验。

▲ 图 6-31 云夕餐厅游戏

云夕游乐场

◉ **游戏前**

★ **经验准备**：家长可以利用周末带幼儿去游乐场或者民宿等地游玩，游玩时为幼儿介绍场所里的项目和玩法。教师可以利用日常谈话、视频、图片与幼儿一起讨论游乐场的游乐项目，增强幼儿对游乐场的认知。

★ **人员招募**：组织幼儿运用自主选择、民主投票等形式做好游乐场工作人员的招募工作，明确其工作职责。

★安全提示：组织幼儿用绘画或前书写的方式制作游乐场的游客安全注意事项，并让幼儿张贴在醒目处。

◉游戏中

★关注幼儿在游乐场中的自主选择和灵活互通情况。当幼儿出现选择困难或者游戏挫折时，教师可以以导游的身份介入，帮助幼儿参与活动。

★发现幼儿在游戏中的经验利用，比如在运动类场地上的走、跑、跳，翻书、阅读书、交流书的行为，角色类的扮演经验，等等。教师在必要时根据情况适时引导，以保证游戏的有效开展。

★观察幼儿在游戏中的持续性和交往能力，比如在角色类游戏中，幼儿对角色的分工是否明确，是否能在岗位上进行持续扮演。当角色无法开展下去或者幼儿失去兴趣时，教师可以采用适当的方式介入，帮助角色本身和同伴进行互动式游戏，推动游戏继续进行。

★了解幼儿自发生成的游戏内容。运用拍摄视频或者照片的形式进行记录，用于游戏评价，以幼儿的游戏经验助推幼儿游戏的发展。

★关注幼儿的安全。当发生危险行为时，教师可以直接介入，通过语言解说和行为示范引导幼儿正确使用材料、合理游戏、友好交往等。

◉游戏后

★分享交流：引导幼儿说一说在游乐场都玩了些什么，把好玩的经历分享给大家。结合事先拍摄的视频或者照片进行回看，帮助幼儿在不断观察中发现问题、积累经验。

★素材欣赏：教师组织幼儿观看幼儿自发生成的游戏内容，以同伴互学、模仿的方式生成更多的游戏内容，同时也使游乐场更加好玩。

▲图6-32 云夕游乐场游戏

（三）乡情游戏观察与分析

观察区域：云夕厨房

注 意

"老板，我们要吃米饭了，都是菜，太咸了。"在云夕里餐厅里，游客楠楠对着老板骏骏说道。"好的，我叫服务员给你们把米饭拿来。"骏骏连忙对服务员说，"服务员，服务员，游客要吃米饭。""可是我们没有米饭。"服务员薇薇告诉老板，一旁的服务员豪豪点着头附和道："是的，我们根本没有米饭。"

骏骏挠了挠头，跑回餐厅说："游客们，我们这里没有米饭。"游客小雨走到老板面前，说："但我们真的很想吃饭。"骏骏点点头又跑向厨房，对着厨师说："厨师，有没有饭，游客们说他们真的很想吃饭。""我来烧，"穿着厨师服的丹丹举起手，拿着锅铲走到骏骏面前说，"我会烧酱油炒饭。"骏骏说："好的，那我去告诉游客。"

厨师丹丹拿着锅走到深澳里的沙池边，用铲子往锅里铲沙子。正在玩沙子的方方手又腰大声说道："这沙子不能铲，我们要用来搭桥的。"丹丹继续低头铲沙子，嘴里说："可是游客们要吃米饭，我要给他们做酱油炒饭，我们没有米。""那你少铲一点，这

▲ 图 6-33　幼儿在生火做饭

个沙子饭会吃得很饱的,而且我们搭桥还要用沙,"方方蹲下来对厨师丹丹继续说道,"够了,别铲了！"

丹丹捧起装满沙子的锅,跑回厨房把锅放到树桩上,接着又从工具柜里找了一根竹棍,对着锅子底部"呼呼"吹气,嘴里念叨着"快点烧,游客们都饿了"……

识 别

▼从游戏中可以看出,幼儿对厨房游戏很感兴趣,并且能持续地开展,幼儿们有一定的角色分工意识,对于游戏中老板、服务员和厨师等不同角色的职责分工明确,遇到问题时能够共同商量,积极解决客人提出的问题。

▼当游戏中出现了顾客点饭但没有米的情况时,厨师丹丹想到了用沙子代替米做酱油炒饭,说明幼儿已经能够根据物品的颜色、形状进行想象,发挥了自己的想象力和创造力。这种以物代物、假想代替的行为,显示了幼儿自主游戏的水平。

▼从铲沙子的事件中可以看出,厨师丹丹在铲沙之前并没有询问在沙池游戏的同伴,而是直接使用了别人的游戏材料。虽然后来向对方说明了使用沙子的原因并得到了对方的理解,但在整个沟通过程中多以自我为中心,缺乏一定的沟通技巧。

回 应

▼户外的活动场地为幼儿游戏提供了丰富的自然资源，一草一木、一花一石都是厨房游戏独特的材料，教师可以引导幼儿充分挖掘和利用身边的材料，鼓励幼儿大胆创新，肯定和表扬幼儿以物代物的行为，激发幼儿创新游戏。

▼在日常生活中，教师要不断丰富幼儿的生活经验，引导幼儿掌握与同伴沟通的技巧和方法，鼓励幼儿使用文明用语进行交流。

▼游戏是幼儿生活经验的反映，教师可以引导幼儿讨论厨房游戏的新玩法，进一步丰富游戏情境和内容，如通过师幼合作的方式设计菜单供游客点菜使用，从而推动游戏的进一步发展。

（四）乡情游戏反思与推进

"'云夕里'农家乐"游戏来源于美丽乡村中的一景，可以让幼儿在游戏中体验生活、创造生活，美好的乡村生活通过游戏根植于幼儿心中。

1. 游戏材料体现自主创新

互通式的户外主题式角色游戏因为场地的不受约束性，材料遍地可取，有助于发挥幼儿的主动性、想象力与创造力。因此，"云夕里"作为农家乐游戏区，除了帮助幼儿建立角色意识、了解角色职责外，角色游戏的材料也不由教师包办。教师支持和鼓励幼儿主动寻找游戏材料，让幼儿自主选择材料、制作材料，提升幼儿的动手能力、以物代物的假想能力和解决问题的能力，从而进一步提升幼儿的游戏水平。

2. 游戏评价注重共同讨论

在"'云夕里'农家乐"游戏结束后，教师通过点评、交流等方式提升幼儿的角色认知，丰富游戏情节。教师可以借助点评环节，组织幼儿说一说游戏中遇见的问题、困惑，共同商量怎么解决，或者讨论新的游戏玩法，从而丰富幼儿的经验，加深幼儿对游戏角色的认知。

3. 丰富生活经验融入乡情

"'云夕里'农家乐"游戏区参照深澳古村民宿创设游戏场景，一景一物让幼儿有身在其中的感觉。游戏的展开离不开幼儿的生活经验，教师可以借助家长、地域资源，让幼儿到当地的民宿进行体验、感受，不断累积生活经验，让乡情融入幼儿的游戏与生活。

四、"深澳村"建构乐

深澳村的千年古水系和古建筑很有特色。古水系建在地底下，"澳"即水渠，"深澳"即地底下的水渠。水渠每隔一定距离，就有一个水埠，当地人称为"澳口"，村民至今还会从澳口下去取水、用水。深澳村的古建筑以大塘里为核心，有牌坊、大礼堂、申屠祠堂和长廊等古建筑。"'深澳村'建构乐"聚焦幼儿喜欢玩沙玩水和搭建的特点，设立了"深澳里"和"大塘里"两个游戏区，连接古水系和古建筑，支持幼儿在沙水游戏中探索挖建地下水系之趣，在分工合作中设计、搭建自己喜欢的古村建筑，让建设美丽乡村的种子从小在幼儿心中孕育，让这份爱家乡之情伴随幼儿成长。

（一）环境创设与材料投放

环境创设

★**深澳里**：大沙池、存放玩沙工具的柜子、高低不一的水龙头、雨鞋、凳子、有关"澳"的图片和挖"澳"的图片。

★**大塘里**：大塘里的古建筑照片、幼儿的设计图、遇到的问题及解决问题展板、幼儿作品展板。

▲ 图 6-34 深澳里游戏区

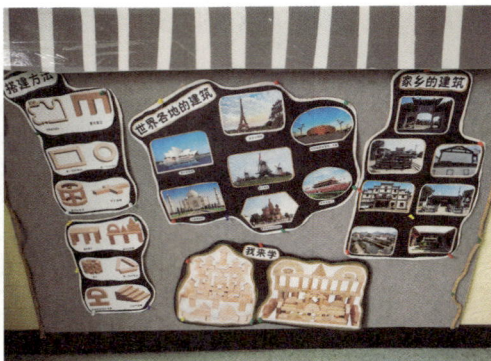

▲ 图 6-35 大塘里游戏区

材料投放

★ **自然材料**：竹片、竹筒等。

★ **废旧材料**：塑料瓶、PVC 管、软水管等。

★ **美工材料**：模型建筑材料等。

★ **自制材料**：网筛架等。

★ **辅助材料**：小推车、滤器工具类、挖掘工具类、容器工具类等。

▲ 图 6-36 深澳里游戏材料

▲ 图 6-37 大塘里游戏材料

（二）乡情游戏组织与指导

深澳里

● 游戏前

★ **经验准备**：家长带幼儿到深澳老街去实地观察"澳口"并拍照记录，丰富对"澳"的认知经验，让幼儿知道"澳"就是水渠，贯穿整条老街，有的藏在房子下，有的露在外面，并且整条"澳"里都有水，供人们洗涤用等，让幼儿为深澳人的聪明智慧而感到骄傲。

★ **制订计划**：教师组织幼儿进行交流讨论，通过观看照片和挖"澳"的视频了解挖"澳"的过程和方法，支持幼儿运用图文结合的形式制订游戏计划，如想挖一条怎样的"澳"，怎么挖。

● 游戏中

★ 关注幼儿在沙池里对挖"澳"工具、材料的使用，尝试理解幼儿的游戏内容，适时予以相应的指导。

★ 关注幼儿在沙池里挖"澳"的讨论、分工情况，鼓励幼儿在讨论时倾听对方的建议或者坚持自己的想法，分工时明确自己的任务，懂得相互帮助。

★ 关注幼儿的探究行为，尤其是水、沙结合的探究活动。运用拍摄视频或图片的方式记录幼儿运用到的探究方法，教师在必要时参与其中，帮助幼儿在不断探究过程中获得成功。

● 游戏后

★ **材料整理**：引导幼儿将完成的"澳"保留，把挖"澳"的工具进行清洗并整理归位，条件允许的情况下将工具放在太阳下晒干后再放回工具箱。

★ **分享交流**：教师拍摄幼儿游戏时挖"澳"的照片或视频，组织幼儿以自我分享、同伴互评的方式分享当日游戏的成果，说一说"澳"有没有通水，挖的过程中遇到的难题和解决办法等，教师通过评价进行有针对性的指导。

★ **丰富材料**：在玩沙区墙面布置一些幼儿在游戏过程中的照片和幼儿表征的游戏故事，供幼儿自主分享和学习。根据幼儿生成的游戏投放一些其他的辅助材料，满足幼儿更多的创造性玩法。

大塘里

◉ 游戏前

★ **经验准备**：家长在日常生活中经常带幼儿去大塘里游玩，并画一画大塘里的美景或大塘里周围的建筑物。教师可以组织亲子大塘里摄影活动，将相关建筑物布置在"大塘里"游戏区里，以加深幼儿对大塘里的印象，丰富相关认知经验。

★ **制订计划**：以小组的形式，让幼儿运用前书写的方式设计大塘里的建筑，共同讨论建构需要的材料。

▲ 图 6-38　深澳里游戏

▲ 图 6-39　大塘里游戏

▲ 图 6-40　两人合作快乐地筛沙子

◉ 游戏中

★关注幼儿的建构过程，比如在建构过程中的合作、分工情况，以及遇到问题时商量解决问题的能力。

★关注幼儿的"施工"情况，是否能按照图纸"施工"或进行合理改造。当出现"施工"挫折时，教师可以以包工头的身份指导施工方法。

★关注幼儿使用建构材料及辅助材料的情况，是否建构有创意、有想法的作品，将幼儿的创意用拍照的方式进行记录。

◉ 游戏后

★材料整理：引导幼儿把建构材料和工具分类整理，放回原位。

★展示欣赏：将幼儿完成的建构作品布置在场地上，并将其打印成图片张贴在园区内，供园区其他幼儿欣赏。

★分享交流：组织幼儿分享交流游戏的内容和玩法。分享设计图：设计了什么，里面有什么，用什么材料来搭建。分享建构作品：建构物的名称是什么，什么地方是用什么搭的，在搭的时候遇到了什么困难，是怎么解决的；跟图纸不一样的地方是哪里，为什么要调整。

（三）乡情游戏观察与分析

观察区域：深澳里

注 意

壮壮拿了四根 PVC 管子，并排放在"澳"上，他说："我要造一座桥。"轩轩在有水流动的"澳"里铲沙子，看到水流不过去，他就把沙子铲掉一点，一边观察流水，一边铲沙子。

为了使桥更坚固，壮壮不停地把沙子堆在四根 PVC 管子上面，想要将管子盖住。因为每根管子之间有缝隙，壮壮堆的沙子很多都从缝隙中掉进了"澳"里，使得"澳"里的沙子越来越多，从而导致从轩轩那边流过来的水到壮壮搭的桥下后就被挡住了。轩轩发现后，便用铲子把沙子铲走。他在铲的时候不小心碰到了壮壮搭的桥，壮壮说："你把我的桥弄坏了，这个桥是我很辛苦造的。"轩轩说："你这里沙子太多，都把水挡住了，我在清理桥下的沙子。"壮壮蹲下来看了一下说："那你挖的时候小心一点。"轩轩说："我知道了。"轩轩继续挖沙子，不小心又碰到了桥面。壮壮提醒道："你又碰到我的桥了。"轩轩说："对不起，我想让这个水流过去。"

▲ 图 6-41　一起合作挖"澳"造桥

　　终于，水在桥下开始流动了。轩轩转向了"澳"的另一边继续挖沙子，让水流通，而壮壮仍旧在管子上加沙子，固定桥面……

识 别

　　▼在游戏中，壮壮和轩轩都对自己的工作很明确。壮壮想搭桥，轩轩想让水在"澳"里流通，他们都有自己的游戏目的。但两人都从自我出发，忽略了对同伴的影响。如壮壮在"澳"上架桥，不断加沙固定桥面，忽视了沙子漏到桥下会挡住水流；而轩轩只关注"澳"里是否能流水，并没有关注桥是否被破坏。

　　▼两个幼儿都在尝试解决自己在游戏中遇到的问题，还没有建立共同合作解决问题的意识。但在出现问题时，两人都能通过协商、友好的语言进行沟通，表现出较好的沟

通和解决问题的能力。

▼问题探究能力在游戏中初步显现。轩轩是个会观察和思考的孩子，他发现是沙子堵住了水的流通，会不断地通过铲沙来疏通"澳"，让水流通。但两个幼儿都没发现漏沙的问题，整体思考问题、解决问题的能力在游戏中受到了考验。

回　应

▼在游戏前，教师可以引导幼儿一起商量游戏计划，明确游戏内容，鼓励和引导幼儿与同伴合作，既能丰富游戏的形式，又能促进同伴间的交往。

▼师幼共同探讨解决轩轩和壮壮之间问题的办法，如观看一些大桥的图片，想一想老街下的"澳"为什么没有被泥沙堵住，引发幼儿思考和探索既使桥面牢固又防止沙漏下去而不影响水流通的方法，为幼儿以后的游戏积累丰富的经验。

▼引导正向、积极的交往方式，及时肯定和表扬幼儿遇到问题时能友好沟通、协商解决的行为，从而促进幼儿养成与同伴沟通、合作的良好意识。

（四）乡情游戏反思与推进

深澳古村具有较高的历史文化价值，幼儿对古水系和古建筑充满了好奇心。那么，这些古韵如何在乡情游戏中得以体验呢？

1. 游戏内容与古韵的巧妙连接

"深澳里"和"大塘里"游戏巧妙连接古水系和古建筑的神奇。"深澳里"游戏为幼儿提供了玩沙、玩水的情境，而由暗渠、明沟、水塘和溪流组成的古水系，则非常适合幼儿在沙水游戏中探玩体验。"大塘里"游戏则满足了幼儿建构自己家乡的欲望，幼儿通过合作和分工的途径建造各种建筑物，加深了对家乡事物的认识。

2. 游戏材料与古韵的适宜融合

水与沙土是最原始的游戏材料，是幼儿接近自然的最好的游戏材料之一。幼儿在"深澳里"游戏中挖水渠，可以发挥他们的创造力和想象力，享受到探索成功的乐趣。"大塘里"游戏则通过木板、石头等材料引发幼儿设计、创造古村建筑，激发他们的探索精神，让建设美丽乡村的种子从小在幼儿心中孕育。

3. 教师支持与古韵的外延拓展

教师及时观察不同年龄段的幼儿在游戏活动中的表现，根据实际情况给予不同的支持、帮助和引导。例如，根据年龄的差异性准备不同的材料，如碗、勺、皇冠、小石子和沙包袋等，使玩沙区的材料更丰富、更多元。小班孩子可以在"深澳里"游戏中玩"过家家"游戏，大班孩子可以进一步玩"抗洪抢险"游戏……材料越丰富，越低结构，游戏的外延不断拓展，幼儿才会有更多的发展可能。

游戏源于生活，又高于生活。整个"'深澳村'建构乐"主题游戏使幼儿在情境中自主游戏，在游戏中体验生活，建构自己心目中的美丽家乡。这样的游戏对幼儿的身心具有多方面的发展价值，让美丽乡村的韵味更滋养幼儿的童年。

（作者：包群红　许玉梅　潘一琳　方　芳　蒋智慧）

第七章

回望：乡情体验游戏的经验与启示

一、游戏区受到冷落怎么办

教师精心创设的游戏环境受到冷落，孩子不喜欢去玩怎么办？

在前期乡情体验游戏的组织实施中我们不难发现：教师精心创设的充满乡土味的游戏环境很美丽，但往往成为摆设。游戏时，孩子们不喜欢来这些游戏区玩，即使来玩了，游戏的时间也不长。逐渐地，这些漂亮的游戏区就受到了孩子们的冷落。对此，我们进行了全面的审视和探索。

（一）审视：对乡情体验游戏的现状分析

教师在多次观察、分析讨论后，罗列出以下影响和制约儿童开展游戏的因素。

1. 游戏环境静止化

环视游戏环境，从墙面创设到活动区内游戏材料的摆设，环境中能与儿童互动的元素太少，怎么看都是一幅幅静止的唯美画面。如在美丽乡村游戏区，墙面上是静止的水墨乡村实景画，与之对应的活动区内是一些乡村农具或水稻、玉米等农作物的陈列，这些材料用作观赏的功能多，与儿童互动的功能少，而游戏更需要活的材料和环境。

2. 游戏缺乏生活化

乡情体验游戏需要与儿童丰富的生活经验相结合。幼儿园的游戏环境虽然乡土味浓郁，但是游戏区之间相互割裂、缺少联系，少了生活元素的串联，导致儿童在游戏中对乡情的体验缺乏生活化。脱离了生活的游戏激发不起儿童与环境、与材料的互动，在游戏中内隐的乡情体验目标也就难以实现。

3. 游戏方式少自主

游戏中选择角色和区域以教师分配居多，儿童缺乏自主性，自主选择的游戏意愿无法得到满足。再者，由于游戏区在设置上缺乏乡情体验的整体性和连续性，游戏区的零碎、散落和不全也使儿童的游戏无法自主。

总之，在"静"多于"动"的游戏环境之下，在缺乏生活味的游戏中，如果没有自主性的乡情体验，那么自主性游戏就如死水一潭失去了生命力。

（二）探索：顺应儿童的需求激活游戏

如何让乡情体验自主性游戏"活"起来？我们在实践中尝试顺着儿童的需要去调整游戏主题、游戏环境和游戏方式，运用"三激活"策略去激活游戏，焕发游戏应有的生命力。

1. 以儿童需求为本，激活游戏主题

（1）激发主体——以儿童为本

儿童是游戏的主人，游戏的主题也应该源于儿童。体验乡情应该让儿童在富有乡土味的环境中自主玩游戏，在和不同情境、不同材料的互动中唤醒对于家乡的生活经验。乡情游戏的本质是可以自主地走走玩玩。作为游戏主人的儿童是本地家长嘴里的"囡囡"，即宝贝。由此，"囡囡逛家乡"的游戏主题随之产生，意在让儿童带着小主人的角色意识自主、自豪地体验游戏，激发儿童对自己作为家乡人的认识和自信，在游玩中自主获得关于家乡的经验和各种能力的提升。

（2）彰显内涵——特色与生活兼容

回归生活、源于生活是乡情体验游戏的本源，桐庐县富春江幼儿园教育集团所处的小镇是文化底蕴深厚的风情旅游小镇，基于镇上秀美的山水文化和深厚的人文历史文化，充盈在儿童生活中的典型的本土元素就是他们需要体验的东西。带着幼儿园如何将艺术特色和生活相融在游戏中的思考，我们把乡情体验游戏的核心内涵定位在"线韵润童心，乡情伴成长"上，试图在传承、提炼乡土文化的基础上，让儿童获得丰富的乡情体验，让乡情陪伴儿童快乐成长。

结合儿童的年龄特点和生活经验，游戏逐渐生成了四大体验内容，其中乡村、生活、美食体验指向儿童生活，艺术体验指向园本特色。

2. 以儿童发展为基，激活游戏环境

当儿童作为环境的感受者和参与者时，环境的作用就被大大地激活了，它无形地影

响着儿童的发展。

（1）感受环境——根植本身，相融特色

儿童是环境的感受者，为此我们在环境创设中追求特色与本身的和谐共融，把本土资源中的山水风光、乡村风貌、民俗文化等典型元素和园本线描艺术特色植入环境，将幼儿园创设成有白墙黛瓦、山水风光、农家院落和田园生活的富有风情小镇特有气息的意境，使儿童在整体性的乡土大环境中获得身临其境般的感受。如一楼以山水自然风光为典型特色，二楼、三楼采用了芦茨村最典型的民居元素，主要呈现当地慢生活体验区的风貌，同时又兼容幼儿园的线描特色，把艺术体验建构于各类艺术馆之中，和古村落的特色融为一体，打造出既有生活气息又有艺术气息的风情一条街。经全面调整，富春江本土特色的典型元素整体还原到了儿童生活中。

▲ 图7-1　二楼长廊：风情一条街

▲ 图7-2　一楼长廊转角：美丽乡村风貌

（2）参与环境——多样呈现，激活互动

儿童在参与游戏时与环境进行对话互动。我们在环境的三维创设中体现"感受与欣赏""尝试与表现""互动与展示"三块功能，既有儿童的参与，又有儿童与教师、家长的共同创设。如徜徉在一楼的"慢生活体验区"，长廊上方是家长和孩子一起创作的线描百米画卷，画卷讲述着小镇山和水的故事；墙壁及角落的水墨富春山水，让人仿佛置身于山水天地间；二楼的风情一条街，艺术体验和古村风情相融合，墙面和区角粘贴摆放的都是儿童的作品；二楼至三楼的楼梯转角张贴着海报、图片，诉说着富春江水电的发展历史，渗透工业特色；走入三楼，小镇的剪纸特色扑面而来，满眼都是儿童或儿童和家长合作的作品。如此，从一楼到三楼，在教师、家长和儿童的合力打造下，充满浓郁乡土味和生活味的环境便展现在眼前。

▲ 图7-3　亲子线描百米画卷

▲ 图7-4　田园创意阳光长廊

▲ 图 7-5　农家乐一角

▲ 图 7-6　乡村大舞台

表7-1　乡情体验游戏环境布置表

环境方位	环境特色	所用材料	参与对象
一楼大走廊、活动室	呈现美丽乡村风貌，墙面是水墨乡村画、纸浆山水画，走廊顶是山水长卷画	水墨画、百米布卷、竹席、纸盒、景点广告图片等	幼儿、家长、教师
二楼长廊、活动室	呈现典型古村古街风貌和艺术特色，设置纸绳馆、布衣馆、扇绘馆、青韵馆，活动室内设置美食区、超市等生活体验区	纸板、青花布、纸绳、扇子、空瓶等	幼儿、家长、教师
三楼长廊、活动室	继续呈现风情一条街，走廊是剪纸艺术馆，活动室是生活区	草席、纸板、剪纸作品	幼儿、家长、教师

　　游戏对儿童来说就是一种学习（包括已有经验的练习和新经验的获得），在逼真的游戏环境中体验乡情，有助于激发儿童对家乡的进一步了解和热爱。

　　3. 以自主体验为主，激活游戏方式

　　乡情体验游戏的核心价值在于"顺应儿童的需要，创设游戏的环境，引发儿童的游戏行为"。由此，激活儿童的游戏方式、引发儿童的自主游戏行为是游戏的根本所在。

（1）生活化——盘活游戏区

在生活中，儿童通过跟随成人旅游，以游玩的方式来获得对世界的相关经验。富春江镇是一个风情旅游小镇，游客成群结队地来游玩是本地儿童在生活中非常熟悉的场景，如果在游戏中链接"旅游"这种方式，那么游戏就可以帮助儿童体验生活。于是，"囡囡逛家乡"的游玩方式就自然地产生了。儿童根据他们喜欢的动漫卡通形象开起了"强强旅行团""公主旅行团""小鱼旅行团"等旅行团，通过游玩家乡的主脉络，儿童可以选择自己喜欢的方式"逛家乡"。这种生活化的游戏方式激活了各个沉寂的游戏区，把原来散落在各楼层的游戏区串联了起来。

（2）情境性——激发游戏兴趣

情境性是激发游戏兴趣的前提和基础。在游戏开展之初，教师过分强调了游戏的教育功能，忽视了游戏特有的情境性和趣味性，因而儿童对游戏内容失去了原有的兴趣和热情。

我们用情境串联的方式把散落的游戏区串联成"囡囡逛家乡"的情境后，儿童在游戏中真切地感受到了生活的味道。如游戏中导游持旅行团招牌小旗带领游客穿梭在各个游戏区，在旅游途中儿童运用货币、一卡通等材料坐车、品尝美食，每到一处需要刷卡或货币交易，这些具有挑战性和趣味性的生活情境和体验，仿佛就是在"真旅游""真生活"。情境辅助激发了儿童的游戏兴趣，整个乡情体验游戏也被每个游戏区不同的情境激活了。在兴趣高昂的游戏状态中，儿童频繁地互动交往，获得生活体验和交往经历。

（3）自主性——顺应儿童需求

乡情体验自主性游戏的宗旨是顺应和满足不同儿童对于游戏的需求，让儿童拥有自由选择游戏的权利。

空间自主选择。为了让儿童有更多的游戏空间，游戏空间从最初的局部区域互通到各楼层空间互通，逐渐发展到了整体互通的模式，幼儿园一楼走廊至二楼、三楼走廊及活动室所有的游戏空间全部打通后共生成了十二个中、小游戏区。空间不断扩大，参与对象也从大班向全园拓展，儿童在游戏中自主选择自己想游玩的游戏区，促进了儿童主动学习、主动内化、主动发展。

角色自主选择。儿童可以自主选择游戏角色，如想要做导游的可以举着旅游旗去各班吆喝招揽游客，愿意跟团游的可以选择喜欢的旅行团当游客跟团旅游，不愿跟团游的可以当散客自行结伴游玩。再如，有的散客喜欢体验乡村大舞台，他们一直在表演节目，表演累了中途还会去农家乐吃饭休息，休息完后继续表演，他们的理由是跟团游不自由，还没玩够就要到下一个景点。

由此可见，自主性体现在一定的条件下个人对于自己的活动具有支配和控制的权利和能力；游戏是否体现了自主性，可以看儿童是否成为游戏的主人并享受到了其中的乐趣。

（4）开放性——扩大游戏内涵

开放性管理。在整体互通的大游戏中，游戏实行区域负责制的开放式管理。每位游戏区的责任教师负责对来该区游戏的儿童或团队进行深入观察，及时发现问题，必要时做出适当的引导。而为了游戏的持续推进，责任教师和班级教师之间建立起积极的双向互动，责任教师和班级老师之间互相反馈游戏情况和孩子的感受，共同推进游戏的内涵和发展。

开放性生成。在游戏中教师应及时关注儿童的游戏需要，随机生成新的游戏内容。如在逛景点游戏区中，旅游车司机对顾客说："车子没油了，我去加加油。"随后司机自主模仿加油。老师观察到后，支持孩子生成了"加油站"游戏区。又如小班孩子用推车推着宝宝来乘车，司机说"宝宝车不能上旅游车"，于是，在车站旁生成了"旅游服务区"游戏区。就这样，游戏内容在游戏发展中一次次地调整和丰富，不断满足儿童的游戏需要。

（三）感悟：在游戏中一路追随儿童

乡情体验游戏"囡囡逛家乡"作为情境性的社会性游戏，通过"三激活"策略使游戏从分散零碎的小游戏发展到整体互通的大游戏，从而让游戏"活"起来。儿童和教师也在游戏中有所收获和发展。

1.儿童的发展

（1）儿童的快乐——自主、多元

"囡囡逛家乡"游戏给予儿童最多的是自主和快乐。该游戏的游戏场地非常大，楼上楼下的游戏场所可交替更换，每个游戏区都有不同体验，这一切都让儿童可以尽情地享受游戏。如下午游戏时有家长来接，有的孩子会哀求"我还想玩游戏"，而家长也会情不自禁地陪孩子继续玩游戏，这就是游戏赋予的快乐。

（2）儿童的成长——自信、独立

"团团逛家乡"游戏给予儿童自主成长和同伴互助成长的机会。游戏中"大带小，小跟大"，儿童的社会性在游戏中获得很大的发展。如小班、中班的孩子喜欢"跟团游"，因为有哥哥姐姐带着他们玩，觉得很有趣，又有安全感；大班孩子在"大带小"中学会照顾、指导弟弟妹妹。这些都促进了儿童独立能力和自信心的发展。

（3）儿童的体验——全面、深刻

在情境化、整体互通的游戏方式中，儿童的游戏兴趣随之高涨，对游戏的体验也更加深刻。游戏内容和材料都源于儿童的生活，"团团逛家乡"游戏相当于把儿童的生活经验在游戏中进行有序的串联整合，不同的游戏区使儿童获得不同的体验。儿童在游戏中以自己的方式架构对家乡的感受和认知，从而使体验更加全面、具体和深刻。

2. 教师的发展

乡情体验游戏的实践探索对教师来说是一个游戏观念和行为不断获得转变和提升的过程。

（1）突破环境创设的单一

教师认识到环境单一是导致游戏兴趣缺失的重要原因。不同的环境可以诱发不同的社会行为，教师学会在单一的环境中不断加入辅助小情境，来不断激发儿童的游戏兴趣。如"乡村大舞台"的游戏方式从原来的观赏表演调整到游客自主表演，满足了儿童的表演欲望，这个游戏区也一下子火爆起来。因为游戏涉及角色分配，我们利用标记图示和角色挂牌来分配和提示，非常有效。

（2）突破材料投放的单一

教师认识到材料是儿童表现游戏、发展游戏的重要物质支柱，材料影响儿童的游戏行为和发展。作为全园师幼一起参与的游戏，教师根据儿童的能力差异在各游戏区设置了原材料、半成品和成品三个层次的材料，体现层次性和差异性，以满足不同层次儿童的需要。如在艺术体验馆，有大、中、小不等的纸盘、瓶子和彩纸等，跟团游的游客为了节省时间可以选择小材料，喜欢画画的散客可以选择原材料慢慢地创作体验。

（3）突破游戏组织的高控

教师认识到自主性游戏就该让儿童自主选择游戏，而不是教师进行预设和高控。如整体互通游戏中教师最担心的就是安全和秩序，起初教师规定只能跟团游，然而跟团游限制了儿童的游戏自由。如何突破高控来满足不同儿童的需要，游戏接着生成了散客的角色，以及个人自助游、结伴同游等游戏方式，许多独立能力强的儿童会选择当散客，他们三三两两结伴在自己喜欢的游戏区里游玩，并且会自豪地说："我是散客。"这就是一种享受自主的快乐。

（4）突破游戏的"伪观察"

游戏初期，由于人数多，每个游戏区的流动性强，于是教师时常会把更多的精力花在维持秩序上，控制和关注那些随意闲逛的儿童的行为，这是"伪观察"，忽视了最重要的细心观察指导，从而导致游戏的发展停滞不前。后来，教师认识到只有注重观察和评价才能支持和促进游戏的不断发展。于是，教师改变策略，在游戏中注意倾听儿童的语言，观察儿童的游戏细节，也时常扮演角色进区玩，引导儿童顺利游戏，每次游戏活动结束后还及时评价、讨论和反馈。细心的观察，及时的反思调整，保证了游戏顺应儿童的需求并不断地发展着。

乡情体验游戏"囡囡逛家乡"从最初的零散到最后一步步地调整完善，是教师不断地发现儿童、追随儿童和支持推动游戏发展的历程。教师一路观察儿童的需要，不断地反思"为什么会这样"，不断地推敲"如何去改进"。通过实践，教师进一步领会《指南》对于"幼儿教育要以游戏为基本活动"的精神，更加意识到游戏对于儿童的重要性。

二、游戏环境受限制怎么办

当游戏环境受到空间限制，游戏开展困难重重怎么办？

从前期乡情体验游戏的组织实施中发现，幼儿园的环境等因素限制了游戏的开展。比如，一些老的、旧的幼儿园都是20世纪八九十年代建造的幼儿园，幼儿园的建筑面积不大，班级内的空间拥挤，公共环境也很差，这些都严重影响、阻碍了儿童的游戏开展。那么，在硬件环境等条件无法改变的情况下，教师又该如何支持儿童的乡情游戏呢？

（一）游戏现状：三大障碍阻挠游戏

桐庐县实验幼儿园教育集团桐君园区是一所历史悠久的幼儿园。幼儿园建造于 20 世纪 80 年代，老旧、狭小的环境牵制、阻碍着幼儿园游戏的创新和发展。

1. 结构障碍——限制游戏空间

幼儿园的房屋结构单一，活动室和寝室合二为一，面积狭小。长期的固定摆放模式使空间结构更单一，各类柜子占据着拥挤的走廊空间，无法给儿童提供宽敞的游戏区。

2. 内容障碍——限制游戏创新

游戏的内容单一、陈旧。如大班组每班都以桌面积木、绘画涂色、手工剪纸和游戏棋等游戏为主，游戏材料、玩法大同小异，相似的内容使班级游戏没有特色，墨守成规的游戏内容限制着游戏的创新和发展。

3. 功能障碍——限制儿童自主

人多空间小造成的拥挤成为游戏的功能障碍。如教师为了维护秩序限制区域间的人员流动，往往将儿童固定在某个游戏区。孤立的区域使区区之间、班级之间缺乏联系和流通，固定的模式使游戏的自主功能无法真正体现，这些限制了儿童在不同游戏区获得不同发展的可能。

（二）管窥游戏：自主游戏潜藏生机

面对游戏被严重阻碍的现状，教师在审视的同时不断尝试新的探索，努力在困境中为儿童创设游戏发展的可能。渐渐地，在观察中教师发现，儿童的游戏虽然在种种障碍、阻挠中缓慢前行，但儿童结合生活经验自主进行的一些游戏让教师看到了新的游戏萌芽和可能。

镜头扫描

大三班的棋吧里有象棋、围棋和五子棋等各种棋，一有空闲孩子们就会自主把棋具搬到走廊下棋，俨然一个热闹的棋吧。"医院"游戏从中班开始玩至今，规模越来越大，孩子们的游戏水平越来越高。大一班有东门表演区，孩子们兴奋地舞着水袖模仿社区戏台表演。大二班模仿老街开起早餐店和喜糖铺。慢慢地，孩子们已不满足于在本班玩游戏，个别孩子开始到其他班级串门玩游戏。

大班组的这些自主游戏有着共同的指向，源自幼儿园所在的老城区东门头。孩子们把东门头一些最熟悉的生活场景零星地搬到了班级的游戏中。它是社会的缩影，是儿童在游戏中对现实生活的反映，萌发出儿童初步的体验生活的游戏意愿。此时，各班以独立开展游戏为主，游戏内容比较零散，内容之间还缺少一定的联系。

随着儿童在游戏需要得不到满足时出现的个别串班游戏现象，教师开始思考：在班级空间拥挤爆棚的时候，教师是否应该运用智慧在班级间资源共享上支持儿童游戏，为儿童提供更多的游戏互动时间和空间；在零散的游戏内容有着共性指向和联系的时候，教师是否应该运用适宜有效的策略使这些有着共性指向的不同游戏区域之间产生关联和互动，以此来支持和促进游戏的发展。

上述迹象表明，儿童的这些游戏表象下潜藏着对游戏区之间联动的期待，如果能组织实施游戏联动，诸多影响游戏的问题和障碍就会迎刃而解。

（三）探索联动游戏：多维联动推进游戏

联动意为联合行动，在游戏中指各区域之间联合开展可以使游戏之间产生关联和互动，使游戏的作用更显著。

教师顺着儿童在游戏中喜欢模仿东门老城区生活的意愿，从游戏内容、游戏空间、游戏材料和游戏方式等方面多维度地尝试开展各班区域游戏间的联动，支持儿童演绎游戏中的"东门故事"，探索大班年级组"区区联动"游戏的模式。

1.游戏内容——联动整合，凸显主题

大班儿童自主生成的零星游戏均源于幼儿园所在的老城区"东门头"，因为内容零碎、孤立，儿童在游戏中获得的社会生活经验有可能不完整，缺乏一定的系统性。因此，从区域内容中隐含的共同指向出发，教师根据大班儿童的生活经验、游戏兴趣和学

221

习特点，将各班零散的区域游戏串成一条主线，形成以"东门故事"为主题的年级组联动游戏。

游戏内容经过联动整合后，涵盖了儿童熟悉的生活，从吃的、玩的、乐的，到医院、银行等，都是儿童喜欢并自主在游戏中模仿表现的元素。他们在其中可以全方位地体验生活，在游戏中进一步系统地获得相对完整的生活经验。

同时，各班改变了室内设置多个雷同区域的模式，改为班级内设置一两个游戏内容，让室内有更多的空间支持儿童在该区域游戏，促进了游戏的纵深发展。

2. 游戏空间——联动打造，智慧创新

游戏空间是儿童进行游戏的基础和保障。看到儿童对游戏空间的需求日益迫切，面对如此狭小的环境，大班组联手运用各种工具，运用智慧统一打造游戏空间。

（1）有限空间，智慧布局

首先，教师和儿童在物品收纳整理上下功夫。各班统一使用收纳箱收放材料，将游戏材料下架装盒，盒子收纳叠放，物品归类摆放，尽可能使游戏材料的摆放空间不干扰平时的生活和学习，也尽可能地增加活动室的美感和空间感。收纳整理是利用空间的智慧，虽然每次开展游戏都需要儿童自己反复取放材料，但这也正好锻炼了儿童整理材料的能力。

▲ 图 7-7　将走廊空间布置成印剪天地

改变视角能激活物品置放的固有思维。教师开始转换视角，改变置放方式，将占据走廊的书包柜、茶水柜等转移到教室外的屋檐下，把走廊仅有的空间腾空，设置成学习性区域——印剪天地，使大班孩子终于有了一块相对固定和安静的游戏区。

（2）工具联动，动态运用

室外走廊是大班唯一的公共空间，但又是全园必经的通道，按照常规方法设置区域

摆放材料也必然影响通道的使用。在多次的尝试后，教师投放了可以自主收放的小方桌和可以灵活移动的收纳柜。游戏时，孩子们可以自己移动柜子，自主取材料创设游戏场景；游戏结束时，孩子们会自行将小方桌收起靠墙叠放，收纳柜轻轻一推、一转就可以依墙而立，留出走廊的空间。

　　有了这些工具的联动支持，孩子们有了更多自主创设游戏空间的可能性，如下棋时孩子们拎起小方桌就可以自由地找地方下棋。由此可以看出，儿童是主动发展的个体，是有能力的个体，游戏前后的收纳提升了儿童的整理能力，从而推动儿童的全面发展。

▲图 7-8　可移动的游戏设施

3. 游戏材料——联动跟进，丰富内容

　　游戏材料是开展游戏的物质条件。材料能增加游戏情节，丰富游戏内容，刺激儿童的游戏欲望。教师从材料的不同功能和角度出发，分层次地提供材料以支持儿童游戏。

　　（1）基础材料，烘托环境

　　游戏区基础材料的主要作用是营造和创设游戏环境氛围，激发儿童游戏的兴趣，为儿童提供一个相对稳定、独立的角色游戏活动区域和平台。为此，师幼一起在大班的公共走廊创设了与老城区相呼应的主题环境，将三个大班的走廊联合创设成有屋檐和砖墙的房屋形状，营造出一种老城区的味道。此外还添置主题活动所必需的基本设施和道具，如表演区的化妆台、服饰架等，美食区的炊具，棋吧的桌椅，给儿童一种身临其境的感觉，烘托出了主题环境的氛围。

▲ 图 7-9　古朴的老城区风貌①

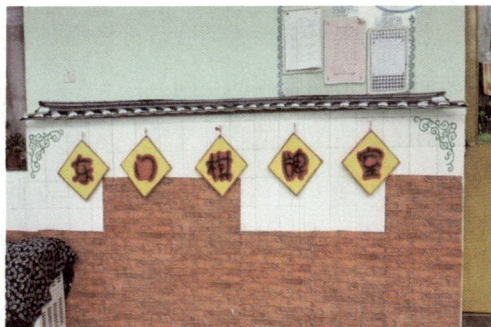
▲ 图 7-10　古朴的老城区风貌②

（2）拓展材料，开拓主题

拓展材料是指结合儿童具体游戏主题或区域活动大类内容提供的各种辅助材料。大班组联合运用拓展材料开拓主题，根据游戏的要求投入游戏材料。大班孩子不仅想象的内容丰富、连贯，而且能够通过活动和玩具材料来展现自己的想象力，使游戏活动表现出浓郁的创造气息，如在"东门社区"游戏中增添医生角色，统一所有游戏区域中服务员、管理员的角色服饰，让他们统一头戴印花布小方巾。这些拓展材料的联合使用，进一步拓展了游戏的主题，丰富了儿童的体验，推动了游戏的发展。

（3）创意材料，无声支持

创意材料是指根据儿童角色游戏主题和情节发展的需要，由教师或儿童共同开发的一些具有特殊功能的成型或未成型的活动材料。如在"东门茶楼"游戏中有教师和儿童自制的榨汁机和各类果汁辅料等，在"东门喜乐铺"游戏中有教师和儿童自制的糖果，有真实的糖果，也有创意糖果，这些创造性的游戏材料通常是适应儿童游戏情节发展需要的，由教师和儿童手工加工而成，具有时效性和仿真性，能够满足儿童多种多样的游戏需求。

无论基本材料、拓展材料还是创意材料，都不断丰富着游戏内容，而且这些材料的联动使用潜藏着对儿童学习与发展的要求，支持着儿童通过游戏探索、学习和拓展各种有效的经验。

4.游戏方式——联动实施，统一自主

随着游戏内容、空间和材料的联动支持，游戏的实施方式也通过各种联动不断支持游戏的发展，满足儿童在游戏中的需要。

（1）联动管理，开放流通

首先，游戏时间联动控制，即年级组之间统一时间联合开展主题游戏。联动时，以音乐为媒介告知儿童游戏的开始和结束。开始时播放音乐告知儿童游戏开始，儿童自主搬运材料、取出材料，自主合作创设游戏场景和环境；结束时播放结束音乐提醒儿童游戏结束时间到，儿童自主收拾游戏材料，共同合作把各种材料收纳装盒、摆放归位，使游戏材料不妨碍日常教学。

其次，班级间的游戏区域联动开放流通。游戏时，各班儿童可以根据自己的需要自主选择游戏区域，在不同班级间、班里的不同游戏区间自由选择，体验每个游戏区不一样的游戏内容，获得不一样的经验和发展。

最后，教师联动管理游戏。大班教师在各游戏区做责任教师，责任教师负责组织开展该区域的游戏，观察、引导本区域内的儿童游戏。无论哪个班的儿童进入游戏区域，该区域的责任教师都要接待、观察和随时进行引导支持。联动管理游戏，既保障了游戏的整体性和内容的系列化，又使区区之间互动联系。

（2）自主联动，互动发展

游戏的联动给了儿童更多的自主性，他们在游戏中自主地和不同班级的小伙伴、不同的游戏材料和不同的教师进行游戏互动，从而实现区区之间的联动。

主题式引发联动。在游戏过程中，儿童会围绕生活自主生成主题，随之围绕主题开展游戏，和不同区域的游戏材料、游戏人员发生互动，引发游戏的联动。

通常，儿童进入"娃娃家"后就各玩各的，游戏角色之间极少有互动。如在"东门社区"游戏中有一家人开心地生活着。宝宝在睡觉，爸爸在吹口琴，过了一会儿，妈妈抱起孩子着急地说："孩子发烧了，赶紧去医院吧。"于是，爸爸妈妈抱着孩子来到社区卫生院看病，门诊、配药、打针，他们熟练地进行着医院看病的流程，看完病一家人来到"东门喜乐铺"给宝宝买糖果，然后去"东门大戏台"看戏，最后一家人开开心心地回家。

这个以"家庭"为主题的游戏行为，引发了娃娃家、医院、喜糖铺、大戏台三个班

级四个游戏区的联动，可见"家庭"主题是儿童角色游戏的一个核心要素，它决定了游戏的任务、角色、情节、动作和材料等，让儿童自主联动各游戏区。儿童在游戏中熟练地运用已有的生活经验，将游戏过程中不同的生活经验有机地串联起来，这种主题引发的游戏联动给儿童带来了更多的游戏经验，促进了其社会性的发展。

任务式引发联动。儿童在游戏中会根据游戏的发展需要完成一项规定的任务，在完成任务的过程中，使不同区域的角色、材料发生联动。

如有一天，"东门社区医院"里没人来看病，在教师的引导下，孩子们讨论怎么吸引大家来医院游戏。有人说可以给小朋友进行体检，有人提议给小朋友发一张免费的体检卡招揽他们来医院。于是，孩子们开始忙活。有的一起合作设计体检卡，用图示表示体检的流程和内容；有的外出到各班的游戏区，如早餐店、大戏台等地方派发体检卡，招揽小朋友来医院体检。体检卡一发，医院一下子热闹了起来，孩子们开心极了。

在这个任务引发的游戏中，医院的医生、护士一改以往只在医院内部坐等病人来的游戏规则，主动外出到其他区域，与不同游戏角色互动，实现了这些区域之间的联动，而这些不同区域的联动是由任务引发的。任务产生基于游戏开展的需要，游戏中的任务是儿童为了满足自己的游戏需要自然而然产生的，而不是教师为了引发区域间的联动强加的。教师只为儿童搭建了一个解决问题的平台——组织员工开会，共同解决病人太少的问题，也就是在这个会议中产生了免费送体检卡的任务和方法。

儿童完成游戏任务的行为就是游戏展开的过程，游戏是儿童自主的活动，教师没有为了区域间的互动而成为游戏的导演，如向游戏角色布置任务、指挥儿童游戏的言行等，而是引导全体游戏成员共同讨论，决定任务的内容，尊重了儿童的个性差异，培养了儿童用自己的方式创造性地解决问题的能力。

（3）情境引发联动

在游戏中，儿童喜欢模仿生活中的情景。随着游戏的发展，角色和情境的融入让儿童的游戏更加灵动，互相渗透，相互促进，引发游戏的联动。

如在"东门茶楼"游戏区，两名服务员坐在那儿等下棋的人来喝茶，等待了许久后显得很无聊。教师以顾客的身份走过去参与情境，与服务员展开对话："这茶是给谁喝的？""是给下棋的人喝的。""我能喝吗？""可以喝的。"服务员递给老师一杯茶，老师边喝边聊天："有人来喝茶吗？"服务员摇摇头："没有人来，他们在忙着下棋。"
在游戏结束后，教师引导大家讨论除了给棋牌室的人喝茶，还可以给哪些人喝茶，除了
茶还可以喝什么。孩子们想到了去戏院、医院等地方送茶，想到了可以增加果汁饮料。

教师以游戏角色的身份参与游戏，既能保证儿童的游戏主体性，又能对游戏进行隐
性的指导。在给予推车、托盘和果汁等材料的支持后，孩子们将"东门茶楼"的茶水卖
到了戏院、医院和东门社区，在情境中自主地将游戏范围扩大，吸引了更多人参与游戏。

▲ 图 7-11 孩子们自己准备游戏场地

又如在"东门医院"游戏区，有一天，两个孩子互相搀扶着来到医院看病，说："我
们生病连路都走不动了。"当天游戏结束后，教师引导孩子们讨论是否需要有一辆救护
车接送病人。后来在游戏中，救护车鸣着喇叭穿行在各游戏区接送病人，又引发了区区
之间的另一种联动。

就这样，情境的模仿、经验的再现引发儿童自主联动游戏，一步步推动游戏的发展。

（四）实践思考

1. 游戏的收获

（1）儿童获得自然整合的经验

"东门故事"联动游戏使儿童零散的生活经验得以串联，让儿童在游戏中充分运用

生活经验，全方位地感受生活场景，从而获得自然整合的学习发展。

（2）儿童游戏得以创新发展

"东门故事"联动游戏改变了游戏割裂的局面，打破了班级的限制，打破了空间的限制，为儿童创设了一个更为广阔的游戏环境，深化出新的游戏主题，衍生了新的游戏情节，推进了班级区域活动的提升。

（3）儿童得到多元化发展

"东门故事"联动游戏增加了不同班级儿童之间的互动、师幼之间的互动和材料之间的互动，为儿童提供了更多合作、交流和解决问题的机会，儿童的创造能力、交往能力和自主能力得到了更为广阔的发展。

2. 游戏的反思

在游戏发展的过程中，教师从焦虑的旁观者、隐性的推动者，到最后成为愉快的游戏观察者。儿童的经验是游戏的基础。在游戏过程中，教师要谨慎考量干预程度，走入儿童游戏，但不打扰游戏，只在儿童有需要的时候，适时地推动他们观察、思考，发展出有质量的游戏。

三、游戏场地不自主怎么办

游戏场地相对固定，限制了幼儿游戏的自主性怎么办？

从乡情体验游戏的实施过程中不难发现：教师往往会有目的地把一些游戏区设置在班级内或者幼儿园公共区域的某块地方，或者将游戏场和活动场的功能划分得很清楚，这些都在无形中限制了幼儿游戏的自主性。那么，当幼儿出现自主的需求时，教师又该如何转换观念并支持幼儿灵活开展乡情体验游戏呢？

（一）从"指定区"到"自定区"

随着幼儿游戏水平的不断发展，教师在游戏环境的布置和创设上既要有预设、固定的游戏场，即专门的游戏指定区，如表演区、美工区等；同时，也要有开放、变化的游戏环境，即自定区。游戏时，自定区可以赋予幼儿自主使用场地的权利，也就是说，到哪儿玩、自定区内玩什么游戏由幼儿自己说了算。

游戏案例 1

○ 建构区中的"娃娃家"

木板是孩子们最爱玩的建构游戏材料，由于木板多且重，游戏时需要搬运，教师一般指定建构材料区附近的塑胶场地作为木头建构游戏区。每当游戏时，就会有许多孩子选择在这里分工合作进行搭建游戏。孩子们一般都搭大桥、垒高。

随着游戏的不断开展，孩子们的搭建水平越来越高。有一天，明明和乐乐一直用小木板在地面拼搭，拼成了很大一块木地板，明明往上面一躺："哎，像家里的地板了，我睡一下。"乐乐马上说："我们来搭张床睡觉吧。"两人合作把长木板搬过来，把木板架在木条上当成床铺。旁边一直在搬运木块的豪豪看见了，说："那我来搭桌子。"他用木板和木块搭了一张桌子。"我去拿烧饭的东西。"豪豪又转身去室内拿了一口小锅，乐乐又去抱了一个娃娃过来，三个人在这里玩起了"娃娃家"的游戏……

▲ 图 7-12 建构区中的"娃娃家"游戏

在游戏案例 1 中，幼儿经历了游戏内容从指定到自定的变化和发展。这个案例的建构区是传统意义上的指定区，在游戏空间划分上，教师按照游戏的性质和功能在场地安排上预先进行了有目的的设置。建构区一直都是在指定区域，如大型的木板建构区摆在班级门口的操场一角，各种各样的木板整齐地叠放在墙边的材料柜里，柜子前方的场地自然就是建构区。这样的格局有利于幼儿取放材料，这样的固定摆放方式也省去了幼儿移动和整理大小不等的建构材料的不便。游戏区隐设的活动目的比较明显，就是供幼儿自主合作，一起搭建各种有创意的建构造型。

传统的建构游戏内容是搭建造型，但案例中的孩子没有像以往一样进行垒高、叠加，说明他们在这方面的游戏水平已比较高，游戏兴趣点已不在垒高、叠加等造型上，而是有了另外一种创新。应该说，较为丰富的建构经验使幼儿对游戏材料有了自己的理解和认同，游戏内容也随着自身的需要发生了转变，这些转变显示了幼儿游戏水平的不断成熟；同时，生活经验助推着幼儿不断拓展游戏。游戏中，幼儿沿袭着以往的建构经验用木板拼搭，当木板在地面上拼搭成一大片面积后，很像家里面熟悉的木地板，这个场景激活了他们的生活经验，也引发了他们对家的想象和建构。于是，床铺、桌子，乃至烧饭的工具，幼儿在想象中通过建构材料玩起了"娃娃家"游戏。

游戏中的主要材料是木板，不同长短、大小的木板给予了幼儿丰富的想象空间。当幼儿建构游戏的经验日益成熟、游戏材料有了低结构性和多变性时，幼儿在游戏指定区内并非一定要按游戏材料来玩指定的游戏内容，幼儿可以自主对游戏内容进行调整和改变。

游戏案例 2

● 在走廊上"安家"

中班将帐篷设置在走廊的一角，放了两顶小帐篷，成为固定的"娃娃家"游戏区。因为喜欢"娃娃家"游戏的人多，教师又增加了两顶小巧的小帐篷放在墙边。

一天，有四组孩子选择了玩"娃娃家"游戏，可是原来的走廊一角容不下四顶帐篷。于是，孩子们两人一组，一边拿着帐篷，一边找地方安家。安安和鸣鸣选择在楼梯转角处搭帐篷安家，还有两个孩子在活动室转了一圈，看活动室里有没有空余的地方，便走出教室来到了走廊上，发现活动室门口的走廊空置着。两个孩子看看门口走廊比较空，女孩说："我们在这里玩吧。"男孩问："这里可以玩吗？"女孩马上回答道："这里没有别人玩，我们就在这里玩吧。"于是他们两人在走廊门边搭起小帐篷安起了家。四个小家庭，分三个场地玩游戏，有的在门边，有的在转角，有的在走廊尽头。不一会儿，孩子们抱着娃娃到不同的地方玩起了串门做客的游戏……

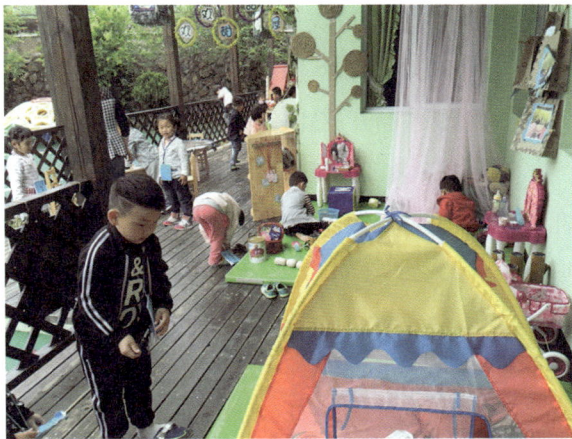

▲ 图 7-13　走廊上的"娃娃家"游戏

在游戏案例 2 中，孩子们经历了从指定游戏场地到自定游戏场地的变化和发展。活动室和走廊已经设置了一些指定的游戏区作为"娃娃家"的游戏场地，活动室里面和走廊的空置场地给了孩子们自主使用游戏场地的可能。在"娃娃家"游戏中，教师给孩子们提供了便捷的工具和游戏材料，孩子们在这样的游戏材料支持下，在选择游戏场地上有了更多的灵活性和自主性。以往走廊只作为通道，当活动室里面没有场地时，"娃娃家"游戏组的孩子发现走廊空着，于是自然地就用它来作游戏场地了。这说明幼儿是有能力的观察者和学习者，他们会运用经验自主观察和分析，从而重新选择合适的空间作为自己的游戏场地。

相对空余的场地给了幼儿灵活选择和自主利用的可能，这些场地对幼儿而言就是游戏的自定区。自定区意味着幼儿可以根据自己的兴趣和需要来决定自己做什么和怎么做。案例中的孩子在两块自定区内合作搭建帐篷和摆放材料，一起合作玩"娃娃家"游戏，小家庭之间还来往走动、交流互动，获得了丰富的体验和成长。

兴趣、自由选择与自主决定是幼儿主动学习的基本条件，自定区为幼儿的自主选择和自主决定创造条件，让幼儿能够做自己想做的事情，这时候，幼儿活动的积极性、主动性最高。因此，游戏场地的安排既要有指定区又要有自定区，这样合理组织与安排空间可以促进幼儿主动地和有意义地学习，同时可以减少和预防行为问题的发生。

从"指定区"到"自定区"，幼儿一步步尝试自己决定游戏内容、游戏场地和游戏方式，更深一步地体现了幼儿游戏的自主性。教师需要不断了解幼儿的游戏意愿和游戏需要，追随幼儿的游戏脚步，满足幼儿自主游戏的不同需要。

（1）材料的开放性——游戏内容自主

游戏中，教师要以物质材料的合理提供为突破点，支持幼儿自主决定游戏内容。幼儿的兴趣来自材料，幼儿的发展更依赖于对材料的操作。游戏材料支持着幼儿的游戏需要，推动着游戏的开展。开放性、低结构的游戏材料，给予幼儿游戏内容的可变性更大，相应地，体现幼儿创造性的空间也就更大。因此，在提供游戏材料时，教师要考虑材料的多元化。

材料是游戏的物质支柱，是引发游戏内容、支持游戏情节和拓展游戏发展的主要因素。区域游戏的教育功能主要是通过材料来实现的。材料不同，操作方法不同，幼儿在活动过程中所获得的知识经验也会不同。幼儿在与材料的互动中，往往会碰到一些困难，造成游戏难以持续下去，这时教师要及时利用相关材料进行暗示，推动游戏继续进行。

（2）场地的适当留白——游戏场地自主

空间对于一个游戏的顺利进行，对于发挥幼儿游戏中的主动性和交往性有着重要的作用。空间要统筹规划，教师在规划游戏场地时，既要有指定区，又要有一定的自定区。在安排指定区时，一要考虑活动区的分布，即活动区的分布要考虑活动之间的相互协调和互不干扰；二要考虑每一种活动所需的空间大小；三要考虑班级人数。教师可以灵活地运用场地，使幼儿能够进行不同类型的游戏体验，获得各种不同的游戏活动的需要。

除了指定区，教师安排游戏场地还应有适当的留白，即预留一些空场地作为游戏的自定区，让幼儿在游戏时能根据游戏需要自主地调整游戏场地或更换场地；同时空间的分隔和活动区的安排要考虑"交通"问题，经过分割后的空间要方便行走，参与者能够自由地来往于各个活动区，从一个活动区到另一个活动区时，不需要横穿其他活动区。

（3）材料的方便自主——游戏方式自主

材料不仅影响游戏内容，也决定幼儿的游戏方式。材料的携带或取放方便有助于幼儿调整游戏方式；而一成不变、固定摆放的材料往往容易局限幼儿的想象空间，游戏方式也会呈现单一性。

教师要注意幼儿取放游戏材料的方便性与安全问题，可以用一定的收纳工具和移动工具，确保幼儿能够根据自己的游戏兴趣和需要来选择和使用材料，确保他们能够自如地搬动游戏设备和材料。

自由选择材料、自主取放材料有助于幼儿产生对环境的控制感，对环境和材料的控制感有助于激发幼儿的自信心，使幼儿创新游戏方式。因此，从"指定区"到"自定区"的游戏方式自主、适合的材料或设备对幼儿来说很重要。

（二）从"班级内"到"班级外"

从"班级内"到"班级外"，幼儿的游戏空间可以得到更大、更多的扩展可能。幼儿除了在室内玩游戏，还可以到室外玩游戏。这样，幼儿的游戏范围不断扩大，幼儿的游戏内容可以得到延展，幼儿在游戏中人际交往互动的范围也可以不断扩大。此外，游戏也可以不止于本班幼儿，还可以和其他班级的幼儿进行联动游戏。

游戏案例 3

● "娃娃家"搬家

教师将小班的活动室一角用粉红色的纱幔布置成了温馨的"娃娃家"，用书柜围成了相对封闭和安静的阅读区，用一些柜子、大盒子、纸箱子来进行隔断作为建构区。游戏时，建构区内的孩子忙着搭建，场地越铺越大，而"娃娃家"里挤了约八个孩子，占地不大的"娃娃家"显得较为拥挤。

看见活动室的空间已满，教师拿了两顶粉红色的帐篷到活动室外面的

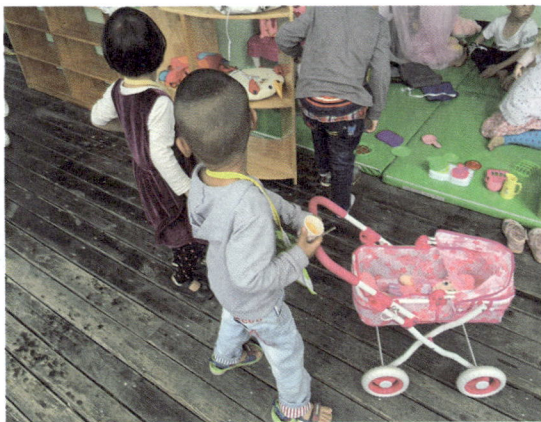

▲ 图7-14 "娃娃家"游戏

走廊上，重新设置了两个"娃娃家"。再次游戏时，孩子们走出活动室来到走廊上的"娃娃家"，他们三四个人一组，每组在一顶帐篷内玩着过家家，有的抱娃娃，有的烧饭，忙得不亦乐乎……

在小班，教师比较喜欢组织幼儿在活动室里面玩游戏。教师在室内创建游戏区时，用不同的工具和材料将空间分隔成一个个游戏区，通过地面不同的颜色、图案来划分游戏区，不同的颜色代表不同功能的游戏区。粉红色和绿色分别代表温馨和宁静，给幼儿适切的心理感受和宜人的环境氛围。这样的游戏区设置虽然便于教师组织开展游戏，从安全角度也便于教师及时管理和观察游戏。但由于室内空间的局限，尽管用颜色、柜子等手段工具区分不同的区域，但班级里面的区角设置仍较为紧密，区区之间容易形成相互间的干扰。

一个班级内的区角设置毕竟有限，而且在人数较多的情况下，全班幼儿只能在班级内选择游戏区，这会使每个游戏区的幼儿人数相对较多，这样幼儿自主选择游戏区的需求就受到影响，游戏的质量也随之打折。把"娃娃家"搬到走廊上，给了这个游戏区相对独立的空间，除了不受其他区的干扰，设置两个帐篷做"娃娃家"，也给了幼儿更多、更大的游戏空间，更大地满足了幼儿喜欢玩"娃娃家"游戏的需要。此外，游戏的设置更合理，帐篷给了幼儿家的感觉，他们自主根据帐篷里、外的空间进行角色分工，游戏的水平得到不断提升。

游戏案例4

● 从"孤立"到"互通"

在互通式游戏以前，幼儿园各班的活动室里面设有不同的游戏区，如美食街、超市和电影院。班与班之间的游戏是相对孤立的，在班级游戏区里面玩游戏的都是本班幼儿。

随着游戏内容的不断丰富，各班的教师和幼儿在活动室外的走廊等公共场所增设不同的游戏区，如乡村大舞台、美食街、超市、特色

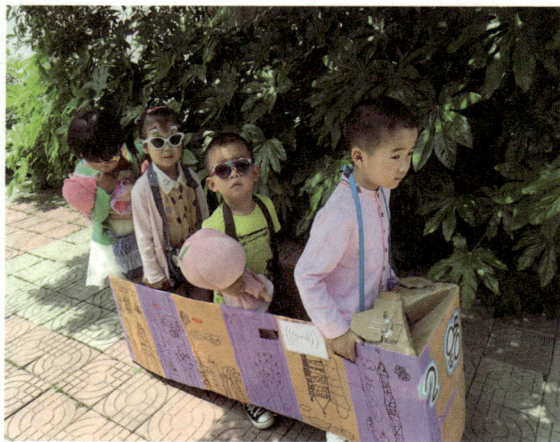

▲ 图7-15 一家人坐车去旅游

体验馆、车站和旅游景点等多个游戏区，所有的游戏区共同组成了"囡囡逛家乡"的系列游戏内容。游戏时，幼儿或跟着旅行团游玩，或自己和小伙伴结伴自助游玩，还有大班幼儿带着小班的弟弟妹妹游玩。他们从一个游戏区玩到另一个游戏区，走进每一个班级，穿过一条条走廊，在楼层之间上下穿行，一路把自己喜欢的游戏挨个儿玩一遍……

在这个主题互通自主游戏中，随着游戏的需要，幼儿园的所有班级和室内空间都被整合利用起来，都成为全园幼儿游戏的公共资源，可以说游戏空间得到了最大化的利用。无论大班、中班还是小班的幼儿，他们的游戏空间都不仅仅局限在本班的活动室内，其他班级的、走廊上的游戏区也成为他们的游戏场所，幼儿可以自由地进入其他班级的游戏场开心地游戏，可以说游戏空间的广阔度和自由度给了全体幼儿极大的满足感。

不断变化发展的教育环境更有利于激发幼儿的求知欲和探索欲。当全园一起进行互通游戏时，全园的游戏环境资源得以共享，幼儿的人际交往范围也随之扩大。游戏时，全园幼儿开心、自由地在各游戏区自主游玩，不仅有同班幼儿间的互动，还有同年龄段幼儿间的互动，更有不同年龄段幼儿间的混龄互动。大班幼儿带着小班幼儿，小的跟着大的，游戏中不同层次、不同形式的人际互动方式促进了幼儿交往能力的提高。

从"班级内"到"班级外"，游戏空间不是从室内转移到室外，而是通过利用室外的空间使原有的游戏空间得到不断扩大和丰富。丰富的不仅是游戏空间和场地，还有游戏资源的联动、幼儿交往的联动。

（1）从"班级内"到"班级外"的空间联动

空间联动，在区角的划分中要充分考虑室内面积和布局。面对班额大、幼儿多和场地有限的情形，尽可能地采取固定和机动两种形式，把角色区、探索区和展示区固定在集体教学区的外围一角，把集体教学区和生活区作为机动区域，根据不同游戏的需要随时调整场地，比如移到室外，这样这有助于减少不同游戏活动在幼儿间的影响，使他们专注于自己的游戏。

活动区角要具有一定的动态性和可变性。当某些游戏区已不能适应幼儿的实际发展需要时，要及时予以撤换；当空间不能满足游戏需要时，要及时调整和扩大游戏环境。游戏环境的创设采用渐进新原则：对于小班、中班的幼儿，区角的设置不宜一下子全面铺开，可以有计划地逐步开放游戏区。

（2）从"班级内"到"班级外"的资源联动

设置各类游戏区时要考虑各区间游戏资源的联系性，实施资源整合联动。游戏区的设置不是各自孤立的，而是相互间有着密切的联系。教师要根据不同年龄段幼儿的生活经验考虑游戏资源之间的联系，要考虑游戏环境布局的合理性对游戏行为的影响和作用，根据幼儿的兴趣、参与率等来设置各区角空间的大小。

游戏区的环境创设要注意一定的情境性，支持幼儿链接起生活经验。有了生活经验的支持，幼儿在游戏时才能自主地将资源进行联动。游戏区的划分应密切结合幼儿的年龄特点，对于幼儿来说，大而阔的空间易分散他们的注意力，导致他们蜻蜓点水式地从一个地方晃到另一个地方。而半开放的区角除了有抑制幼儿四处跑动的作用，还助于他们在同一个区角待得更久，专心做完一项"工作"。

（3）从"班级内"到"班级外"的交往联动

通过游戏区的创设给幼儿创造更多与同伴交往的机会。教师可以把不同性质的活动区分别设在不同的地方，如室内和室外，避免不同性质的活动之间的相互干扰和影响，也可以供幼儿自主选择室内或室外游戏区。

公共场所可以设立公共游戏区，如走廊、大厅或转角等地方。公共游戏区要使用幼儿容易理解的、对幼儿来说有意义的玩具或游戏材料的名称来为游戏区命名。在存放材料的容器上所贴的标签也应当具有年龄适宜性，如在小班可以使用图片作为玩具活动游戏材料的标签，在中、大班则可以逐步采用比较抽象的文字符号作为玩具和游戏材料的标签。当公共游戏区的设置符合不同班级或年龄段的幼儿的游戏意愿和需求后，不同班级的幼儿之间就会因为共同的游戏兴趣有联动交往、共同游戏的可能。

（三）从"活动场"到"游戏场"

从"活动场"到"游戏场"，可以打破幼儿园户外场地和空间利用的唯一性和局限性。除了运动和锻炼的功能外，教师还可以赋予活动场更多的游戏功能，即利用户外场地的空间和设施，灵活地、开放性地组织其他的自主游戏，发挥游戏的功能。在这里，活动场和游戏场的功能可以随机灵活地转换，幼儿可以运动，可以参加其他户外锻炼，更可以自主地在空阔的活动场内自由地游戏，从而发挥他们的自由想象力和创造力。

游戏案例 5

◎攀爬屋里的故事

操场上的攀爬屋是户外活动时孩子们最爱玩的地方之一，孩子们爬的爬、钻的钻，十分开心。今天游戏开始，小班男孩宇宇选择在水池边钓鱼，女孩琪琪在水池旁的攀爬屋攀爬，时而过来看看好朋友钓鱼的情况。"琪琪，快来，我钓到一只大螃蟹！"宇宇高兴地朝着琪琪喊着。琪琪快速从攀爬屋上下来，朝着桶里看了看，说："你都钓了这么多鱼，那我们把它烧了吃吧！""好的！"宇宇环视了一下周围，指着攀爬屋说："我们到这个里面去烧吧！"于是，他们开始了烧饭工作，他们把鱼放在了攀爬架四周的小洞里面，然后不停地翻动小鱼，一会儿往上撒盐，一会儿放嘴里吃，慢慢地，攀爬屋里的孩子越来越多，他们将娃娃、厨房用具都搬进了新家——攀爬屋。新家一下子热闹起来了……

从游戏案例 5 中可以发现，原本摆在活动场上供攀爬练习的两处设施变成了游戏的场景和材料。为什么会发生这样的变化呢？原因在于攀爬屋的外形特征唤醒了幼儿对家的经验。由于幼儿游戏主题的变化，他们对材料的需求也随之改变。那么，幼儿如何使用身边的物品来达成游戏目的呢？在平时户外活动时，攀爬屋是小班孩子的运动天地，他们会一级级地爬到屋顶上，会在门洞里钻进钻出，又会蹲在攀爬屋里面的地面上玩。而在游戏中，幼儿们将攀爬屋假想成"家"。教师为此也及时提供了垫子、厨具等材料，满足幼儿的游戏需要。幼儿用这些材料自然而然地玩起了"娃娃家"游戏。在这个攀爬屋里，门洞像现实生活中房子的大门，圆形的屋顶更给了幼儿家的感觉。这个由游戏材料和攀爬屋组成的游戏场景支持着幼儿们愉快地进行"娃娃家"游戏。

由此，户外活动场地上的设施，其功能得以转换，除了在户外锻炼时间发挥作为幼儿锻炼身体的场所的功能外，还通过材料支持和场景的创设变为游戏场景，发挥游戏的功能。活动场的利用率不断提高，场地设施的空置率就能降低。

游戏案例6

● 操场上的"大屋子"

操场上的跑道以前是孩子们奔跑的场所,今天,孩子们有了新工具——独轮车。中班的孩子们在操场上玩用车运纸箱的游戏。纸箱原来堆放在走廊上,游戏开始,三名男孩用小车将纸箱一个一个地运过来,运到跑道边放下又返回再运,三人不断重复着运纸箱的工作,不一会儿搭建场边上就堆放了许多纸箱。随后,几个男孩和女孩在场地上将纸箱叠放、围合,他们沿着跑道线将纸箱围成一格格的空间,孩子们说"这是我们的屋子"。这排屋子占据了一大片操场,房子的空间比较大,孩子们在屋子之间的"墙"上留出了门洞的位置,在屋子里放上小箱子、小凳子,他们通过门洞在一间间屋子里穿来穿去,开心极了。

从游戏案例6中可以看出,孩子们很喜欢玩纸箱,喜欢一起用箱子搭建、围合,纸箱的任意组合和叠放给了他们想象创造的空间。但纸箱的搭建需要比较大的场地和空间来支持,平时在室内玩此类游戏时,几个稍大的纸箱一摆放就会占据整个游戏场地,场地对幼儿游戏的拓展和游戏兴趣有一定影响。当场地和空间不能满足幼儿游戏的发展需要时,操场的大环境则满足了纸箱建构游戏对空间的需要。操场的大环境使孩子们能将屋子搭建得够大,够他们在"纸箱屋"里跑来跑去,足够使他们体验纸箱带来的快乐。

搭建纸箱虽然快乐,但每次的取材料和放材料对大班幼儿来说是个挑战。如何解决重复、机械又耗力气的搬运纸箱这种活,独轮车给了幼儿轻松搬运纸箱的启示。当幼儿用独轮车来回搬运纸箱时,搬运纸箱不再是机械、费力的活,而是变成了有趣的运纸箱游戏,幼儿们分工合作,搬运、搭建,在操场上愉快地体验建构的乐趣。

从游戏案例6中可以看出,游戏材料的换位使用把活动场变成了游戏场,场地的活动空间继续支持着游戏的进一步拓展和发展。此外,原来以运动为主的活动场在幼儿和材料的互动下变成了欢乐的游戏场,操场的功能突破了单一的局限性。

(1)赋予活动场多元的功能性

幼儿园活动场地的功能并非一成不变。教师要注意尽量别使活动场的使用功能单一化，要赋予活动场多元的功能性，增加游戏器械和设备的可探索性；多注意观察幼儿在活动场上的运动，为幼儿开展自主游戏及时提供支持的可能。

（2）提供适宜的材料支持

在户外活动场游戏时，由于大空间及其游戏主题发展的需要，幼儿对原有材料得不到满足的情况下，教师应该及时支持幼儿转换环境和材料，帮助幼儿进一步拓展游戏。材料的辅助使用支持幼儿将活动场上的游戏器械和设备的功能进行转换，原本用于锻炼的户外场所就会因材料的配合变成幼儿喜欢的游戏场。

（3）注意活动场的安全使用

一个好的活动场是具有探索性和挑战性的，是能满足幼儿运动和游戏的需要，并能激发幼儿的探索和想象，促进幼儿身心各方面的发展的。当然，教师也要注意环境的安全问题，要通过创设安全的环境来降低意外伤害问题发生的可能性，特别要注意活动场与幼儿年龄特点发展的关系，把注意力放到对幼儿游戏活动的观察和对幼儿学习需要的研究上来。

四、游戏观察水平不够怎么办

教师的游戏观察水平不够，影响游戏发展怎么办？

教师的游戏观察与有效支持对推进乡情体验游戏的发展很重要。然而，从乡情游戏的组织实施过程中不难发现：教师对于游戏的观察还存在许多问题与不足，如观察意识不强，看不懂儿童游戏行为背后的原因及意义，更不会及时有效地支持儿童游戏……

（一）研究背景

观察能力是教师需要具备的非常重要的专业能力，教师自身的观察意识和观察水平体现其专业能力。因此，教师的专业发展首先需要提升观察能力。

目前，幼儿园教师在游戏观察中还存在一些普遍性的问题。

无视——儿童的行为，教师看不见：教师的观察意识不强，在游戏中不知道为什么而看，看不见想要看见的东西。

浅视——行为的背后，教师看不懂：教师缺少科学分析信息的能力，常常看不懂儿童行为背后的原因及意义，分析出现偏差。

盲视——行为的支持，教师回不准：教师由于没有及时跟进、有效观察，加之"看不见"和"看不懂"，使游戏支持与回应缺少有效性。

"学习故事"这一概念来源于新西兰，是以叙事性方式进行的儿童学习与发展的评价体系。"学习故事"采用注意、识别、回应"三部曲"去指导教师发现儿童、读懂儿童，进而支持儿童。

"学习故事"不仅能转变教师的教育价值观，更能有效解决当下教师在游戏观察中"看不见""看不懂""回不准"的问题。因此，"学习故事"是一种促进教师观察能力提升的有效途径。

（二）研究设计

1. 概念界定

（1）学习故事

"学习故事"是由新西兰学前教育学者玛格丽特·卡尔（Margaret Carr）提出的，由注意、识别和回应三部分组成。注意是指连续观察儿童在活动中的学习行为；识别是指根据儿童的年龄特点、学习特点对儿童的学习行为进行科学系统及全面整体的分析；回应是指对下一步活动的计划。

（2）观察能力

观察能力包括教师确定观察目的、运用观察方法、筛选及分析评价观察记录的能力。本课题旨在提升教师的积极注意、科学识别及有效回应的能力。

2. 研究内容与目标

以"学习故事"评价模式的运用为切入口，以幼儿园自主性游戏为载体，将幼儿的行为表现进行结构化的处理，引导教师有目的地聚焦幼儿的行为，帮助教师学会科学地注意、识别和回应，掌握一定的方法，从而促进教师观察能力的发展。

通过"学习故事"的运用，转变教师的教育价值观，唤醒其观察意识，在游戏中发现儿童，并通过研修"学习故事"撰写的质量，形成学习故事案例集，从而促进教师队伍观察能力的整体提升。

3. 研究思路

针对教师在游戏观察中存在的三个问题，幼儿园运用"学习故事"中的注意、识别和回应，逐步积淀教师的"观察素养"，从而提升教师的观察能力。

表7-2　运用"学习故事"提升教师"观察能力"的设想

现状	设想	目标
无视	基于"看不见"聚焦注意能力	学会"积极地注意"
浅视	基于"看不懂"研读行为解读	学会"科学地识别"
盲视	基于"回不准"推敲导引策略	学会"有效地回应"

（三）研究过程

针对教师观察"无视、浅视、盲视"的现状，幼儿园开展"学习故事三部曲"系列实践研究。

1. 学会积极注意——基于"看不见"提升注意能力

我们用"四推进"的研修来解决"看不见"的问题：重塑观察理念，学会抓关键细节，学会"多看一眼"，学会用"白描"记录。

（1）重塑观察理念——知道看什么

重塑观察理念旨在贯彻落实《指南》精神，发现儿童的力量，重塑以"学习品质"为中心的观察要领。通过一次次深入理解"学习故事"的理念，教师们逐步感悟到"儿童是有能力、有自信的学习者和沟通者"，认识到要关注儿童的学习品质、行为和情绪等，听懂和读懂他们的心声，在"学习故事"里还原真实、自然、有血有肉又全面发展的儿童。

（2）学会抓关键细节——明确怎么看

抓关键细节重在培养教师学会在活动中看到儿童学习的价值，并及时、细致地关注儿童的表现行为，解决对一些重要的关键细节忽略不看的问题。

游戏案例 1

　　医院游戏区里，蕊蕊医生在给病人检查完身体之后，就拿起纸笔开始书写诊断书。她在纸上画了几个图案边写边说："你有点发烧，需要去药房配一盒药，还要挂一瓶盐水。"

　　分析：这样的描述过于简洁，对孩子的动作、神情等关键细节，如对怎么学习做医生、画的图案是什么的描述不够翔实。

　　调整：蕊蕊医生将听诊器一端挂在脖子上，用另一端放到病人左胸前移动，她认真地听了一会儿，最后微微点了点头。她放下听诊器，拿起笔在纸上画了一个长方形和一个瓶子形图案，一边写还一边说："你有点发烧，需要去药房配一盒药，还要挂一瓶盐水。"

　　从这个观察里，教师注意到了蕊蕊画了两个不同的图案——长方形和瓶子形，这些图案代表着儿童当下以画代字的前书写水平，也看到儿童用动作模仿医生的工作，呈现了一定的生活经验。抓关键细节，有助于教师对儿童生活经验和学习水平的准确把握，只有这样才会看到儿童真正的发展。

　　（3）学会"多看一眼"——避免主观性

　　"多看一眼"旨在培养教师在活动中不仅要注意儿童当下的行为，还要注意儿童行为前后的因果关系，用"多看一眼""多听一听"来走进儿童，可以避免对儿童行为武断下结论。

　　如在小班"娃娃家"游戏区，老师发现男孩嘉嘉独自坐着吹口琴，偶尔还转头向后看看，就称赞他："你的口琴吹得很好听。"男孩抬头朝老师看了一下，表情有点不高兴，他认真地说："宝宝睡不着，我在吹琴哄她睡觉。"原来他后面放着一个娃娃，老师没注意到。由此，教师意识到，观察儿童不仅仅要看，有时还要教师"参与式"观察，倾听儿童的声音，了解他们的想法。

　　（4）学会用"白描"记录——呈现真实性

　　用"白描"记录旨在让教师转变记录方式，用不带主观意识的方式真实地记录儿童的学习情境。因此，教师要学习突出主体、务实求真的描写。

观察对象：甜甜（五岁）

甜甜今天在"娃娃家"游戏里扮演妈妈的角色，她先炒菜，然后把菜盛到盘子里，再端到桌上。吃完后，她把盘子整理擦干净。随后，她高兴地推着小推车去了设在走廊上的超市。

可见，这样的记录只是简单地描述过程，对于儿童的具体细节动作等没有详细描述，没有还原真实的游戏场景，记录不生动、没生活。显然，这样的观察记录不适于教师识别、关注儿童正在学习什么。

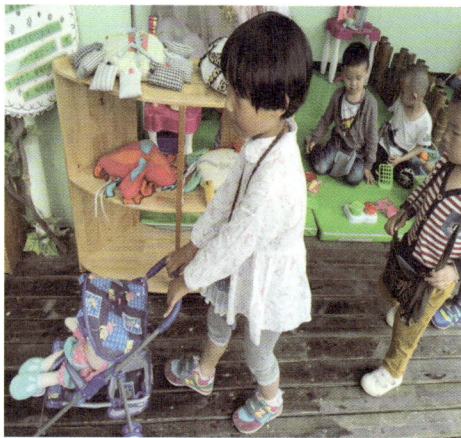
▲图7-16　推着婴儿车去超市

调整：甜甜正在"娃娃家"玩，今天她扮演妈妈。她先在厨房里炒菜，炒完后将菜盛好放在桌上。然后，她邀请小伙伴一起吃饭，吃完后她把盘子放在水池里。接着，她洗了杯子和盘子，把它们叠在一起放进塑料框里。她拿起购物袋背到肩上，把娃娃小心地放进婴儿车里。最后，她背着购物袋推着婴儿车往走廊另一头的超市走去。

通过这样细致的白描记录，可以发现教师及时注意到了儿童行为的细节，如盛、叠、背、推的动作等，这样积极的注意可以让教师识别儿童的动手能力、学习水平和生活经验等。

2. 学会科学识别——基于"看不懂"提升解读能力

学会科学识别重在针对教师的"看不懂"，让教师对儿童学习的分析、评价和反思更科学、更准确。幼儿园采用"主题式研修"的方式，利用集体智慧学习如何科学地解读、识别儿童的行为。

表7-3　基于"科学识别"的系列研修

系列	内容与形式	系列设计意图
一	"游戏行为解读"理念学习	理论引领——让识别有依据
二	"年段学习共同体"联合研修	聚焦研讨——让识别有质量
三	"游戏视频案例"分享交流	分享交流——让识别有方法

（1）理论引领——让识别有依据

理论引领旨在让教师看懂儿童的游戏行为，科学地识别儿童的学习。幼儿园外请专家分层次开展"游戏行为解读"的讲座，除了学习《指南》《纲要》，还有个性化指导，为教师解读儿童行为提供了扎实的理论依据。

（2）聚焦研讨——让识别有质量

聚焦研讨围绕疑难问题，利用团队智慧合力解决识别不科学的问题。幼儿园组织教师开展"年段学习共同体"联合研修，通过一次次现场观察或视频观察聚焦难以识别的行为，并进行思维碰撞：如老师们反复观察孩子的玩沙视频，通过男孩不停地挖沙、挠头、甩手、喘气和观望等动作来识别儿童的学习品质。聚焦研讨使教师统一理念共同分析，让识别有质量。

（3）分享交流——让识别有方法

聚焦研讨解决了一些疑难问题，教师们从集体研讨逐渐转向个人独立识别，其间涌现了一些颇有看点的"学习故事"。随后，通过组织开展"游戏视频案例"分享交流会，教师们分享了不同的识别方法，如从系列动作来识别儿童的生活经验，从画符号来判断儿童的前书写能力，多样化的识别方法丰富了教师对学习、学习倾向，以及自己对儿童互动的理解。

3. 学会有效回应——基于"回不准"提升回应能力

有效回应是指教师对儿童进一步学习的科学支持与引导，可以帮助儿童制订下一步的学习计划。为此，幼儿园组织教师在实践中检验回应，在实战中提升回应能力。

（1）专家引领，攻克重难点

如何基于观察学会有效回应，幼儿园邀请专家开展专题报告"基于有效观察的游戏回应策略"，用大量鲜活的游戏案例强调有效指导有赖于积极注意和专业的解读分析，比如孩子的一声叹息、一个呵欠，都可以引发教师反思：我们真的关注孩子的需要与兴趣了吗？教师们在学习中真切地感受到：儿童是主动发展的个体，是有能力的个体。

（2）跟踪推进，让回应可持续

跟踪推进引领教师在游戏持续进行的某一阶段内开展持续连贯的观察，阶段性循环过程为教师养成连续"注意—识别—回应"的习惯提供保障。

主题式游戏案例跟踪观察是一种"持续贯穿"的方式，幼儿园年段学习共同体开展"主题式游戏案例跟踪观察"，逐步探寻有效回应推进游戏的发展。

表7-4 基于"有效回应"的"主题式游戏案例跟踪观察"（部分）

年段	主题	目标
小班	"流动的茶水吧"游戏	基于"交往互动能力"的"有效回应"
中班	"东门医院"游戏	基于"交往互动能力"的"有效回应"
大班	"牵手榕江"书信区游戏	基于"语言核心经验学习与发展"的"有效回应"

（3）形成观点，让回应再提升

"学习故事"研修结束后，幼儿园组织引导教师梳理前期系列活动获得的实践感悟，借鉴前期理论学习或草根经验，提炼形成一定的理性观点，将学习成效转化为理论成果。如大班书信交友游戏，利用幼儿园园长去贵州挂职帮扶的契机支持园内儿童和贵州的儿童玩书信交友游戏，凝练出"生活中交往，促进书写核心经验发展"的教育观点。

（四）研究成效

1. 积淀教师"观察素养"，推动个体观察能力发展

（1）乐于观察，提升观察意识

"学习故事"的引入，是新西兰先进的教育理念对教师观察意识的唤醒。这种唤醒是一种以外力诱导为基础的观察意识的唤醒。当教师意识到"儿童是有能力的学习者、沟通者"后，在实践中会提醒自我主动观察儿童的行为，及时捕捉并记录儿童的成长

故事。

（2）善于观察，提升观察水平

发展了积极注意的能力。"学习故事"的研修内容既着眼于教师的实际需求，又放眼于教师的突破提升，因此教师对学习故事的内容感兴趣，有助于发展"积极注意"的能力，如教师会积极关注儿童的细节动作、表情，捕捉到学习的发生。

提升了科学识别的能力。"学习故事"的主题化系列研修逐步提升了教师科学识别的能力。教师学会通过积极的注意，结合《指南》中核心经验进行对照分析，从而科学地识别儿童行为背后的意义与价值。

促进了有效回应的能力。运用"学习故事"的主题化系列研修构成"持续观察"，并不断强化"有效回应"的研究过程。"学习故事"中的积极注意、科学识别为下一步如何有效支持儿童学习铺下了坚实又科学的基石，使回应更精准有效。如"学习故事"《书信区的交流》，当教师发现孩子开始用符号来表达时，及时予以了"故事引领，把正方向"的策略，助推了孩子前书写核心经验的学习与发展。

（3）更新理念，发展多元素养

"学习故事"的引入，为教师更新和内化儿童教育理念提供了现实的载体。教师已深深认同"学习故事"关于"儿童是有能力的学习者、沟通者"的教育理念，在这种新理念渗透下的教育实践不仅提升了教师的观察能力，更锻炼和提升了教师其他方面的多元能力和综合素养。

2.孕育团队"研修氛围"，推动整体专业发展

（1）教师在互动中集慧共研

在运用"学习故事"实践的过程中，年段学习共同体合作共研的优势为教师发展提供支持性的环境，如在主题游戏案例跟踪观察中，教师围绕游戏中各年段幼儿语言核心经验进行观察、分析和探讨。

（2）教师在合作中共同成长

教师的观察逐渐从被动转为主动。在教研组的组织下，年段学习共同体在每学期都会完成游戏视频案例研修，有多篇论文获县、市级奖项，其中本部大班组的游戏研修论文《千里牵手，始于书信——基于前书写核心经验的"走进贵州榕江"系列创意书写活动》

获得了杭州市幼儿园教学论文评比一等奖。

（五）研究结论

通过"学习故事"改善教师的观察行为，其成效是多元、复合而深远的。"学习故事"这种新型的评价方式，与教师成为研究者的基本理念相契合，能够在提升教师观察能力、促进教师专业发展的过程中发挥积极的作用，使"学习故事"成为教师实现自我发展的本源性力量。

在"学习故事"框架中，"注意、识别、回应"及其循环是一套思维模式，但幼儿园不能仅仅以此聚焦教师对儿童学习的文字记录，而是通过"学习故事"提升教师的专业水平，更要以此回归到幼儿的成长与发展上。

幼儿园的教师更新快，每年都有大量成熟的教师分流到其他幼儿园，幼儿园又会招收许多新教师。因此，在"学习故事"实践研究中，如何实现教师专业发展的分层与衔接是新的挑战。

后　记

2022年的虎年春节，是湿漉漉的，江南天空中的雨雪一直绵绵不断。

坐在窗前，静静地看着雨夹带着雪花而落，心也就自然地沉淀下来，这也让我静静地回味乡情体验游戏。这么多年了，乡情体验游戏一直是我心底深处的一个情结，欲说还休，现在终于把它梳理出来了。

记得20世纪90年代，我从浙江幼儿师范学校（今浙江师范大学杭州幼儿师范学院）毕业，刚走出校门就来到了浙江杭州西部的山区小镇——桐庐县分水镇。山区小镇独特的资源吸引了我，淳朴的民风、传统的民俗和多彩的资源，处处给我触动。在那里，我从乡土课程的实践中萌发了乡情情体验游戏的探索……

这么多年来，从农村到城镇，我往来许多不同的幼儿园。在这个过程中，一路变化的是课程资源，不变的是我在各个幼儿园对乡情体验游戏的实践探索。

我问自己，为什么一直坚持对乡情体验游戏的探索？我想，可能是对乡情资源赋予儿童独特教育价值的眷恋，更是对那份美好乡情教育的向往和追求。

"问渠哪得清如许，为有源头活水来。"丰富、独特且有价值的乡情资源就是幼儿园教育特有的"源头""活水"。从分水的"制笔之乡"、富春江的"富春山水"到桐庐县城的"东门故事"，乡情体验游戏之路从乡村走到县城，这些"源头"和"活水"为教育源源不断地输入生机，润泽了幼儿的童年。

当我整理着书稿时，往事历历在目，看到当年一幕幕鲜活的奋斗印记尤为感动。如今，一群群小伙伴也已成长，他们独立带着自己的团队继续耕耘在农村、城镇的幼教土地上，乡情体验游戏之花已然到处绽放，不光成就了幼儿快乐而有意义的童年，也同样成就着自己。

在本书的编写过程中，我学习和参考了其他相关的优秀成果，也受到了专家、同行的指导与支持，在此深深地致以感谢。

感谢浙江大学刘力教授对乡情体验游戏的肯定与鼓励，他的支持与指导使我们的草根探索提高了专业厚度。

感谢浙江省特级教师、杭州市幼教教研员汪劲秋的引领和指导，她的引领和指导为我们拨开了前行中的迷雾，使我们对游戏的自主性有了从模糊到清晰的观念转变，为乡情体验游戏的实践探索明晰了方向。

感谢浙江省特级教师李小玲，作为一名有着丰厚的乡土课程研究底蕴的专家，她的研究成果和具体指导给我们的实践以很多启示，让我们的路更加坚实，让乡情之花开得更加绚丽。

在本书的编写过程中，三位专家和导师的倾心指导让我深为感动。他们对本书框架思路的提点、对关键词的斟酌推敲等，让我永远感恩在心，深深铭记；我也感动于我的编写团队，她们认为把这么多年的思考、实践与探索进行提炼梳理，是一件特别有意义且有价值的事情，提炼梳理的过程就像"幸福像花儿一样"美好。

如今，我又在管理一所新的幼儿园——桐庐县城南街道云溪幼儿园。这是一所我参与筹建并只用285天建成的幼儿园。它位于桐庐县城新城区的核心区块，有着三面环山、一面临溪的独特自然资源。这些自然资源怎么利用，怎样用幼儿适宜的方式发挥这些资源的育人功能，促使我在乡情体验游戏的基础上继续深入思考和探索。我想，充分有效地利用地方资源，顺从幼儿的经验和兴趣组织实施适宜的游戏，让游戏赋予资源特别的育人作用，让幼儿在游戏中自由、自主地快乐成长，是我们幼教工作者的使命所在。

游戏是心灵最美好的事物，是童年生活中最快乐的回忆。正如《指南》中指出的，"珍视幼儿生活和游戏的独特价值"，幼教工作者应该让幼儿在游戏中学习，在体验中成长。

由于编写水平有限，书中难免有不当之处，恳请专家、同行及广大读者批评指正。

徐幼敏

2022年2月于大雪天